Bärbel Merthan

Spiele zur Schulvorbereitung

HERDER

FREIBURG · BASEL · WIEN

Gedruckt auf umweltfreundlichem, chlorfrei gebleichtem Papier

4. Auflage

Umschlaggestaltung: Dietmar Prill, Freiburg
Fotos Umschlag und Innenteil: Bärbel Merthan
Illustrationen: Theora Krummel, Münster

Alle Rechte vorbehalten – Printed in Germany
© Verlag Herder Freiburg im Breisgau 2001
www.herder.de
Layout & Satz: DTP-Studio Helmut Quilitz, Denzlingen
Druck und Bindung: fgb · freiburger graphische betriebe 2005
www.fgb.de
ISBN 3-451-27454-X

Inhalt

Kapitel 2: Spiele mit Mengen, Formen und Zahlen

Vorwort

Den Übertritt vom Elternhaus in den Kindergarten erleben die Eltern als erste Loslösung von ihren Kindern, die sich an neuen Spielkameraden, an einem erweiterten Lebensraum und anderen Bezugspersonen orientieren. Es gibt viel Neues für das Kind zu erleben, zu erkennen und spielerisch zu lernen. Die meisten Eltern stehen diesem Lebensabschnitt positiv und offen gegenüber.

Der Übertritt vom Kindergarten in die Schule hat einen anderen wichtigen Aspekt: die „Leistung" und die Furcht der Eltern, ihr Kind könnte diesen Anforderungen nicht gewachsen sein. Besonders groß ist die Angst der Eltern, wenn das erstgeborene Kind schulreif wird.

Den meisten Eltern wäre es recht, wenn der Kindergarten nicht nur die gesamten Fähigkeiten des Kindes fördern, sondern es auch mit Lese-, Rechen- und Schreibübungen auf die Schule vorbereiten würde.

Seit Jahren wird von Seiten der Erzieherinnen den Eltern vermittelt, dass allein der Aufenthalt im Kindergarten mit seinen Verhaltensregeln, das selbstbestimmte Spiel (Freispiel), der Umgang mit anderen Kindern und jedes gezielte Angebot das Kind auf die Schule vorbereitet. Doch den meisten Eltern ist das nicht genug, und deshalb greifen sie zur Selbsthilfe und bereiten ihre Kinder mit Vorschulprogrammen, die es in jeder Buchhandlung zu kaufen gibt, überwiegend leistungsorientiert auf die Schule vor. Dazu zählen auch und immer mehr die Computer-Lernspiele, die Kinder oft für Stunden an den Computer fesseln.

Dabei werden wichtige Aspekte in den Hintergrund gedrängt: Kinder brauchen ein bereitetes Umfeld, d. h. sie möchten etwas erkunden können, selbstständig und im vertrauten Kreis Erfahrungen machen. Der Kindergarten hat die Aufgabe, den Kindern die Möglichkeit zu geben, Zugang zu neuen Erfahrungen und Wissensbereichen zu verschaffen. Das jedoch alles unter dem Aspekt der dem Kind gegebenen Möglichkeit zu lernen.

Die kindliche Form des Lernens ist das Spiel

Was wollen und brauchen Kinder, um lernen zu können, und wie lernen sie? Welche Kompetenzen brauchen die künftigen Schulanfänger?

Kinder sollen lernen, selbstbestimmt, solidarisch und sachgerecht zu handeln. Rund um den Übertritt vom Kindergarten zur Schule gibt es viele gemeinsame Bemühungen auf Erzieher- und Lehrerseite, den Eintritt in den neuen Lebensabschnitt „Schulzeit" für das Kind behutsam, transparent, motivierend und interessant zu gestalten.

Ergänzend hierzu soll dieses Buch auf die Leistungsanforderungen, die in der Schule an das Kind gestellt werden, vorbereiten, wobei es die Bereiche, die bereits von guten Kindergärten abgedeckt werden, berücksichtigt. Dabei wird dem Schulunterricht und dessen Lerninhalten nicht vorgegriffen.

Dieses Buch soll für alle Kinder eine Brücke bauen zwischen Wissensvermittlung im Kindergarten und der Schule, wobei das Kind mit seinen Wünschen und Bedürfnissen im Mittelpunkt steht. Die Angebote sollen in die tägliche Kindergartenarbeit eingebunden werden, und so lernen die Kinder im Verlauf des letzten Kindergartenjahres über Bewegung und Spiel Begriffe und Inhalte kennen, die im Anfangsunterricht der Grundschule eine wichtige Rolle spielen.

1 Bewegungs- und Gestaltungsspiele

Dieses Kapitel befasst sich intensiv mit einem großen Angebot an Gestaltungsmitteln und Techniken. Alle diese Dinge sind unter dem Aspekt ausgesucht worden, den kindlichen Bewegungsfluss behutsam zu lenken, ohne ihn einzuschränken. Das Hauptanliegen dieses Kapitels ist, den Kindern spielerisch Elemente des Schreibens zu vermitteln.

Jedes der folgenden Angebote lässt dem Kind Zeit und Raum, sich mit dem Angebot aus Bewegung, Sprache, Gestaltungsmitteln, Technik, Wissen und Formen spielerisch auseinander zu setzen. Ich habe in der Praxis immer wieder die Erfahrung gemacht, dass Kinder ihre neu erworbenen Fähigkeiten ins alltägliche Freispiel mit einbeziehen, z. B. bei Bewegungsspielen, am Maltisch oder auch in der Bau-Ecke. So wirken die hier angebotenen Spiele und Übungen auch als Anregung, die neu erworbenen Fähigkeiten in ihr Spiel mit aufzunehmen und zu vertiefen.

Jedes Angebot soll das Kind in seiner Gesamtheit ansprechen und nicht nur eine Übung zur Handgeschicklichkeit auf engem Raum sein. Das wechselnde Materialangebot, die unterschiedlichen Formen und die vielen Spiel-Ideen sollen Freude und Motivation vermitteln. Die einfachen Sprüche zu den ersten Angeboten unterstützen dieses Anliegen. Durch das Zusammenspiel von Sprache und Bewegung werden die Kinder freier und lockerer in ihren Bewegungen und finden ihren eigenen Rhythmus.

Die Übungen bauen logisch aufeinander auf: Zuerst werden Kreise, Striche, Wellen, Spiralen angeboten, später Zackenlinien, Zinnen, Bogen und zum Schluss Schleifen, Fische und der Achterschwung. Zwischendurch gibt es Kombinationsangebote, z. B. aus Kreisen und Strichen oder aus Kreisen und Bogen.

1.1 Folien und Folienschreiber

Arbeitsmaterial Die Plastik-Einschubhüllen sind, wie ihr Name schon verrät, aus Kunststoff, das von der Industrie aus dem natürlichen Rohstoff Öl hergestellt wird. Eine Sammlung von Plastikgegenständen, die uns im Alltag umgeben, veranschaulicht den Kindern, wie alltäglich dieser Werkstoff in der heutigen Welt ist.

Mit speziellen Folienstiften kann man Plastik beschreiben. Es gibt Farben, die sich nach dem Beschreiben nicht mehr wegwischen lassen, und andere, die mit Wasser entfernt werden können.

Wir machen uns heute eine moderne Schreibtafel. Tafeln hatten früher die Kinder in der Schule. Auf Schieferplatten (Gestein) wurde mit Griffeln (auch aus Schiefer) geschrieben. Es verwischte alles ganz leicht und konnte mit Wasser sauber gewischt werden. Heute können wir in ähnlicher Weise mit speziellen Filzschreibern auf Plastikfolien schreiben und alles wieder wegwischen.

Themen A. Seifenblasen
B. Kette
C. Die Ostereier mit einer Geschichte

Grundmaterial pro Kind Eine transparente Einschubhülle aus Kunststoff, ein wasserlöslicher Folienstift (rot, blau, grün oder schwarz), je ein DIN-A4-Bogen Regenbogentonpapier, weißes Schreibmaschinenpapier und rotes, gelbes, grünes oder blaues Tonpapier.

A. Seifenblasen

Vermittelte Form Der Kreis in verschiedenen Größen.

Zusätzliches Material Seifenblasenflüssigkeit (evtl. selbst zusammengemischt aus Zuckerwasser und Spülmittel) und pro Kind ein Puste-Ring.

Ort Das Seifenblasen-Pusten findet besser im Freien statt, das Malen anschließend im Gruppenraum am Tisch.

Spruch
Große, bunte Seifenblase,
platze nicht auf meiner Nase.
Flieg hinauf zum Himmelszelt,
fliege um die weite Welt.

Hinführung
Die Erzieherin stellt das folgende Rätsel:
Sie ist rund und bunt, mit Luft gefüllt, fliegt in die Welt.
Wird sie berührt, platzt sie, oh Graus!
Und schon ist der Spaß ganz aus.
Du pustest sie, schon fliegt sie fort.
Was ist das?
Nachdem die Kinder „Seifenblasen" erraten haben, wird das Rätsel gemeinsam wiederholt und mit Bewegungen begleitet.

Durchführung
Die Erzieherin zeigt, wie man vorsichtig eine Seifenblase pustet. Danach pusten alle Kinder ihre eigenen Seifenblasen, bis die erste Begeisterung vorüber ist. Anschließend wird über das Erlebte gesprochen.

Die runde Form der Seifenblasen wird mit den Kindern erarbeitet, indem sie abwechselnd mit beiden Händen große und kleine Seifenblasen in die Luft malen.

Die Bewegungen werden nun mit dem folgenden Spruch geübt:
Große, bunte Seifenblase (mit der Hand großen Kreis in die Luft malen),
platze nicht auf meiner Nase (mit dem Finger auf die Nase zeigen),
flieg hinauf zum Himmelszelt (zum Himmel zeigen),
fliege um die weite Welt (mit beiden Händen große Weltkugel formen).

Jedes Kind erhält anschließend eine Dokumentenhülle, in der ein weißes Blatt Papier steckt, und einen Folienschreiber. Zunächst werden mit dem noch geschlossenen Stift Seifenblasenkreise auf die Folie „gemalt", dabei wird der Spruch wiederholt. Dann nehmen die Kinder die Kappe vom Stift und bemalen die Folie mit verschieden großen Seifenblasen. Wichtig: Die Kreislinie soll bei jeder Seifenblase

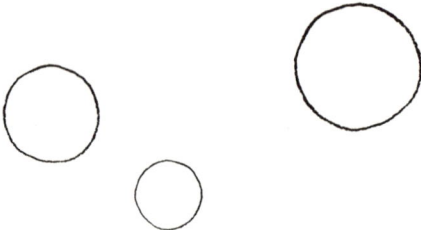

mehrfach gezogen werden. So gelingen nach mehreren Umkreisungen schöne, runde Seifenblasen.

Schluss Welche Farben haben Seifenblasen? Sie schillern in allen Regenbogenfarben! Das weiße Papier in den Dokumentenhüllen wird durch Regenbogen-Tonpapier ausgetauscht, und schon sind die Seifenblasen schön bunt.

Die Seifenblasen-Bilder können zu Hause gezeigt oder im Raum aufgehängt werden.

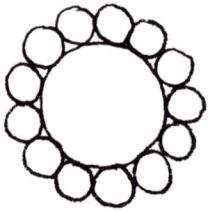

B. Kette

Vermittelte Form Der Kreis in Wiederholung mit der gleichen Größe.

Zusätzliches Material Pro Kind ein weißes Blatt mit einem großen Kreis, ein Korb, eine größere Anzahl einzelner Perlen, ein Tuch, eine Murmel, eine Kette mit gleich großen Perlen.

Ort Im Gruppenraum am Tisch.

Spruch Viele Perlen, groß und schön,
könnt ihr an meiner Kette sehn.

Hinführung In einem Korb verdeckt liegen Perlen, eine Perlenschnur und eine große Murmel. Ein Kind nach dem anderen darf hineinfassen und die Gegenstände befühlen.

Jedes Kind sagt der Erzieherin ins Ohr, was es ertastet hat. Dann malen alle in die Luft, was sie ertastet haben. Anschließend wird das Tuch vom Korb genommen und gemeinsam werden die Perlen, die Murmel und die Kette betrachtet und untersucht.

Durchführung Nachdem mit den Kindern geklärt ist, dass unser Thema heute die „Kette" ist, beginnt die Übung. Gemeinsam betrachten wird die Kette mit den gleich großen Perlen. Die Perlenkette wird, begleitet von dem Spruch, in die Luft gemalt. Zuerst hören die Kinder nur zu, dann sprechen sie mit.

Nun erhält jedes Kind seine Folie und den Stift. Das weiße Blatt mit dem Kreis liegt in der Folie. Einige Perlen werden zur Übung mit dem verschlossenen Stift gemalt. Der Kreis ist die Perlenschnur. Nun wird der Deckel des Stifts abgenommen und Perle für Perle auf die Perlenschnur gemalt (Kreisspur jeder Perle mehrmals ziehen). Sind alle Kinder fertig, werden die gezeichneten Perlenschnüre hochgehalten und gezeigt.

Schluss Jedes Kind darf nun sein weißes Papier gegen ein farbiges austauschen. So bekommt die Kette rote, gelbe, blaue oder grüne Perlen. Die Perlenschnur ist nun unsichtbar. Ein abschließendes Rätsel: Was ist das? Loch an Loch, und hält doch?

C. Das Osterei

Vermittelte Form   Das Ei-Oval.

Zusätzliches Material   2 gekochte, bunt bemalte Eier, 1 großes, weißes Hühnerei, 2 Esslöffel, etwas Heu oder Ostergras, ein feuchtes Tuch.

Ort   Im Gruppenraum, überwiegend am Tisch.

Spruch

Eins – zwei – drei,
ich male dir ein Osterei,
vier – fünf – sechs,
ich mache keinen Klecks,
sieben – acht – neun – zehn,
gleich kannst du es sehn.

Hinführung   Das weiße Hühnerei wird betrachtet. Es liegt auf dem Tisch in einem Hennen-Nest aus Heu oder Ostergras. Was erzählen die Kinder spontan, wenn sie das Ei sehen? Sie dürfen frei erzählen. Das Ei wird im Kreis herumgegeben. Jeder ertastet die Form und schaut es sich genau an. Das Ei ist roh. Man muss vorsichtig sein, sonst zerbricht die Schale.

Anschließend wird die Form des Eis in großen Bewegungen in die Luft gemalt. Dann werden viele kleine Eier gemalt.

Immer zwei Kinder bekommen nun ein buntes, gekochtes Ei auf den Esslöffel gelegt und umrunden vorsichtig den Tisch. Wichtig ist, dass das Ei nicht vom Löffel fällt. Es muss kein Wettlauf sein, sondern die Kinder sollen vorsichtig gehen. Das Spiel kann zwischen der Übung und der Geschichte zur Auflockerung wiederholt werden.

Durchführung　Jedes Kind bekommt eine Folienhülle und einen Stift. In der Folie liegt ein weißes Blatt. Noch einmal wird das Ei riesengroß in die Luft gemalt, dann mit geschlossenem Stift so groß wie möglich auf die Folie. Der Stift wird geöffnet und das Ei-Oval mehrmals aufeinander gemalt, bis die optimale Form erreicht ist. Nun wird das große Ei von allen betrachtet und anschließend mit dem feuchten Tuch ausgewischt. Die neue Aufgabe ist, so viele Hühnereier in Originalgröße zu malen, wie auf die Folie passen.

Wer früher als die anderen Kinder fertig ist, kann seine Eier noch mit Mustern bemalen, sodass es richtige Ostereier werden. Die Stifte werden gegen das Tonpapier ausgetauscht. Jedes Kind hat nun ein rotes, gelbes, blaues, grünes und das regenbogenfarbene Tonpapierblatt vor sich liegen.

Schluss　Zum Abschluss wird die Geschichte von Maxi, dem Hasen erzählt. Das weiße Blatt wird gegen das grüne Tonpapier ausgetauscht, und die Geschichte beginnt. Wenn die Farben der Ostereier in der Geschichte erwähnt werden, wird von den Kindern das Papier in der entsprechenden Farbe in die Hülle geschoben. Am Schluss der Geschichte steckt jedes Kind sein Regenbogenpapier in die Hülle, sodass die gezeichneten Eier schön osterbunt sind.

Der Hase Maxi

Lange Ohren, Stummelschwanz und ein kuschelweiches Fell. Das alles gehört zu Maxi, dem Hasen.

Der kleine Hase hatte zu Ostern mit seinen Brüdern Ostereier bemalen dürfen. Doch als er das dritte Ei angemalt hatte, hatte er keine Lust mehr. Er wohnte mit seiner großen Hasenfamilie im Wald, und die Wald-Osterhasen malten alle ihre Ostereier immer nur grün an, und das war schrecklich langweilig.

Maxi wollte lieber mit seinem roten Holzroller spielen

Maxis Papa sagte: „Maxi, du bist noch ein ganz junger Osterhase, und wenn du lieber Roller fahren möchtest, kannst du das machen. Ein Osterhase kann noch sein ganzes langes Hasenleben Ostereier anmalen."

Das fand Maxi prima. Gleich machte er sich auf den Weg zum See. Groß und blau lag er vor ihm. Als der Wald-Osterhase zu einem Gebüsch kam, das am Seeufer stand, saß dort die Osterhasenfamilie vom See und bemalte gerade Ostereier. Alle ihre Eier malten sie so blau wie den See an. Maxi stand da mit seinem Roller und sah nur noch die schönen, blauen Ostereier. Die Hasenmutter schaute ihn freundlich an und sagte: „Guten Tag, kleiner Hase. Hast du dich mit deinem Roller verfahren?" Maxi grüßte brav zurück und erzählte die Geschichte, warum er keine Lust hat, Ostereier anzumalen. Die Hasenmutter vom See nickte verständnisvoll. „Genauso geht es meinen Kindern. Immer nur die langweilige blaue Farbe, jammern sie immer! Aber das scheint allen Osterhaseneltern hier in diesem Tal so zu gehen. Erst kürzlich traf ich die Hasenmutter von der gelben Osterglockenwiese und die Hasenmutter vom roten Hügel beim Hühnerhof. Sie hatten ihre Kinder bei sich. Keines wollte zu Hause bleiben und Ostereier anmalen. Mir gefallen ja auch die gelben Eier von den Osterglockenwiesenhasen und die roten Eier von der Hasenfamilie auf dem roten Hügel besser als unsere blauen Ostereier."

Plötzlich blitzten Maxis braune Hasenaugen, als hätte er etwas ganz Schönes gesehen. Er hatte eine supertolle Osterhasen-Idee. Die Hasen am See hörten Maxi nur noch rufen: „Gleich bin ich wieder bei euch. Wartet nur einen Moment. Ich habe eine echte Überraschung!"

Er flitzte mit seinem Roller zurück zu seiner Hasenfamilie und berichtete, was ihm die Hasenmutter vom See erzählt hatte. „Alle Hasenkinder wollen ihre Ostereier nicht anmalen. Wir Waldhasen malen immer nur langweilige grüne Eier, die Hasen am See malen ihre Eier immer blau, die Langohren von der Osterglockenwiese malen ihre Ostereier leuchtend gelb wie die Sonne und die Osterhasenfamilie vom roten Hügel malt die Eier so rot wie meinen Roller an. Papa, wollen wir nicht drei Eimer grüne Ostereierfarbe nehmen und sie gegen blaue, gelbe und rote eintauschen?"

„Die Idee gefällt mir", meinte Maxis Papa. „Dann wollen wir mal sehen, was meine lieben Verwandten dazu sagen!" Maxi schaute Papa überrascht an. „Du, Papa. Sind die mit uns verwandt?" „Natürlich. Wir Osterhasen sind eine riesengroße Familie und alle miteinander verwandt."

Maxi hängte die Farbeimer an seinen roten Roller, und Papa und er machten sich auf den Weg zu den Verwandten am See, auf die Osterglockenwiese und zum roten Hügel. Es klappte prima mit dem Farbentauschen. Es brach eine richtige Umtauschlust bei den Osterhasen aus, sodass zum Schluss alle Hasen vier verschiedene Farben hatten. Die Hasenkinder waren schon ganz aufgeregt. Morgen früh durften sie rote, gelbe, blaue und grüne Ostereier malen.

Maxi und Papa kamen erst spät nach Hause, als die Sonne sich schon fast für die Nacht hinter dem See verabschiedete. Alle hörten gespannt zu, was die beiden berichteten. An diesem Abend gingen alle Hasenkinder freiwillig schlafen, weil sie sich schon auf das Eiermalen am nächsten Morgen freuten.

Am nächsten Morgen saßen alle Hasenfamilien schon früh bei ihrer Arbeit. Rote, blaue, gelbe und grüne Eier wurden nun angepinselt, und es machte allen großen Spaß. Sogar die grünen Eier waren wieder schön anzumalen. Sie sahen so schön neben den gelben Eiern aus.

Maxi hatte das allerletzte weiße Hühnerei erwischt. Die Farben waren auch schon fast aufgebraucht, und er malte aus allen Farbresten ein besonderes Osterei: sein Regenbogen-Ei. Es war so schön und bunt. Er wollte ab sofort nur noch Regenbogen-Ostereier malen. Maxi war von der vielen Arbeit so müde geworden, dass er mit seinem Regenbogen-Osterei im Arm einschlief.

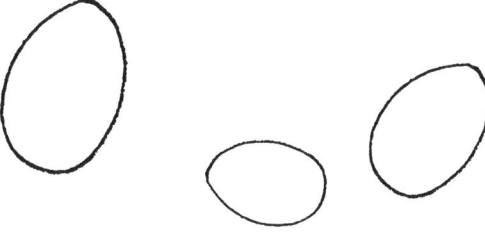

1.2 Der Seifenschaum

Schaum entsteht, wenn ein Gas, in unserem Beispiel Luft, mit einer Flüssigkeit (Wasser) vermischt wird, die schaumbildende Zusätze (Seife) enthält. Kleine Luftbläschen werden dabei gebildet, die sich mit Flüssigkeitslamellen voneinander abtrennen. Die Seifenlösung als Netzmittel stabilisert die Bläschenbildung. Je stärker die Luft unter die Flüssigkeit „geschlagen" wird, desto kleiner werden die Schaumbläschen und desto stabiler wird der Schaum. Dieses weiche, feuchte und vergängliche Material fasziniert alle Kinder. Figuren und Formen aus Schaum entstehen schnell und mühelos.

Eine interessante Erfahrung für die Kinder ist es zu erleben, wie man mit einem Stück Kernseife, etwas Wasser und einem Schwamm Schaum machen kann.

Der Schaum entsteht aus vielen kleinen Seifenblasen, die ganz dicht beieinander sind. In jeder Seifenblase ist Luft eingeschlossen. Jeder kennt die großen einzelnen Seifenschaumkugeln, die Seifenblase. Je kleiner die Seifenblasen sind, desto fester ist der Schaum. Der Schaum ist ganz leicht.

A. Der Schneemann

Vermittelte Form Der Kreis in unterschiedlichen Größen.

Zusätzliches Material Augen, Knöpfe, Mund und Nase aus Tonpapier (von den Kindern bereits am Vortag vorbereitet), etwas Tonpapier, eine Schere, evtl. Ausrüstungen zum Seifenblasenpusten.

Ort Im Gruppenraum am Tisch.

Spruch *Mein Kreis ist rund, mein Kreis ist schön, bald könnt ihr den Schneemann sehn.*

Hinführung Die Kinder stellen in ihrer Plastikschüssel mit der Kernseife, etwas Wasser und mit Hilfe des Schwamms Schaum her. Die bereits genannten Grundbeobachtungen ergeben sich aus der Tätigkeit. Falls die Kinder sie nicht von selbst zur Sprache bringen, kann man die Kinder anregen, über ihre Beobachtungen zu berichten.

Nach dem Erlebnis, Schaum selbst zu machen, ist eventuell eine kleine Pause nötig, denn die Hände und Arme sind stark beansprucht worden. Die Pause kann mit Seifenblasen aufgelockert werden.

Durchführung Mit dem Schaum werden drei unterschiedlich große Kreise auf den Tisch gemalt, der zuvor mit Folie beklebt wurde. Das sind die drei Kugeln, aus denen der Schneemann besteht. Dabei wird der Spruch aufgesagt. Der Schaum wird am besten mit der flachen Hand kreisförmig aufgetragen. Auf Handwechsel achten!

Dann werden auch die Arme aus Schaum aufgetragen. Der Schaum-Schneemann kann mit Augen, Mund, Nase und Knöpfen aus Tonpapier versehen werden. Sind die Kinder so mit ihrem Schneemann zufrieden, oder benötigt er noch eine Kopfbedeckung? Aus Tonpapier können noch Hüte für die Schneemänner gebastelt werden.

Schluss Die Schneemänner werden gemeinsam betrachtet, und da die Kunstwerke vergänglich sind, können sie zur Erinnerung fotografiert werden.

B. Viele Regentropfen

Dieses Angebot eignet sich besonders gut für die regenreichen Zeiten Oktober, November und April.

Vermittelte Form Die Tropfenform.

Zusätzliches Material Blaues Tonpapier, Stift, Schnur und Locher, eventuell Regenschirm, Klebestreifen, pro Kind ein himmelblaues Blatt (Ton-)Papier, Größe etwa DIN A2.

Ort Im Gruppenraum.

Spruch *Weiße Wolke, dick und schön,*
ich kann dich am Himmel sehn.

Hinführung Die Wolken am Himmel werden gemeinsam vom Fenster aus beobachtet. Was wissen die Kinder von den Wolken? Können sie Wolkenfiguren erkennen? Kennen sie schon den Kreislauf des Wassers?

Durchführung Das blaue Papier wird auf den Tisch gelegt, darüber wird durchsichtige Maler-Abdeckfolie mit Klebestreifen fixiert. Mit der flachen Hand wird Schaum als unterschiedlich geformte Wolken auf die Folie gemalt. Dann malen die Kinder mit dem Zeigefinger Regentropfen zuerst in die Luft, dann in die Schaumwolken. Das Malen wird vom

Spruch begleitet. Falls es noch an Ausdauer und Konzentration fehlt, bietet sich ein Wettspiel an: Wer hat in einer bestimmten Zeit (2 Minuten) die meisten Regentropfen gemalt?

Schluss Um die neue Form zu vertiefen, kann das Angebot auf folgende Weise beendet werden: Jedes Kind malt mit einem Stift auf sein Stück Tonpapier mehrmals die Regentropfenform, bis es die richtige Form erarbeitet hat. Der Tropfen wird ausgeschnitten, mit dem Locher am oberen Tropfen gelocht, mit einer Schnur versehen und an einen alten Regenschirm oder ans Fenster gehängt.

C. Fische im Meer

Vermittelte Formen Die Wellenlinie und die Fischform.

Zusätzliches Material Evtl. etwas blaue oder grüne Flüssigfarbe, um den Schaum einzufärben.

Ort Im Gruppenraum am Tisch.

Sprüche Wellen hoch und wunderschön kann ich von dem Ufer sehn.

Früh in der Frische
fischt Fischers Fritze
frische Fische.

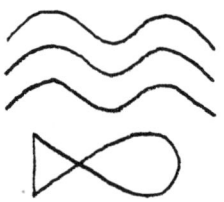

Hinführung Zum Thema „Fische" gibt es unzählige Angebote in Form von Bilderbüchern, als Angelspiel, ein Aquarium im Tierhandel usw. Wo leben überall Fische, wie sehen sie aus und welche Arten von Fischen kennen die Kinder? Zungenbrecher fordern Kinder in diesem Alter besonders heraus. Sie sind so motiviert, einen schwierigen Text wie den von Fischers Fritz zu sprechen, bis es endlich fehlerfrei klappt.

Dann werden von den Kindern Wellen dargestellt und nachempfunden. Mit beiden Händen malen die Kinder Wellen in die Luft, setzen sich in den Stuhlkreis und machen eine „Laola-Welle". Wo erlebt man Wellen auf dem Wasser? Auf dem See und auf dem Meer gibt es besonders große Wellen. Seen, Flüsse und das Meer sind die Lebensräume der Fische.

Durchführung Auf der mit Folie geschützten Tischfläche wird der Schaum mit etwas Flüssigfarbe gemischt und verteilt. Mit dem Zeige-, dem Mittel- und dem Ringfinger gleichzeitig werden Wellenlinien gezogen, maximal bis zur Hälfte der Tischfläche. Die rechte und die linke Hand wechseln sich dabei ab. Während dieser Übung wird der Spruch „Wellen hoch…" wiederholt.

Im unteren Teil der Tischfläche werden nun die Fische in den Schaum eingezeichnet. Die Grundform des Fisches, die immer wiederholt wird, ist eine sich kreuzende Linie mit Schwanzdreieck und ovalem Fischkörper. Dabei wird der Spruch von Fischers Fritz eingeübt. Wie die Kinder ihre Fische ausschmücken, bleibt ihrer Kreativität überlassen. Zuerst werden jedoch alle Fische in ihrer Grundform aufgemalt, um die Linienführung und den Schwung zu üben.

Schluss Die Kunstwerke werden wieder gemeinsam betrachtet und evtl. über die Vielfalt der Fische gesprochen. Sie können auch den Müttern bzw. Vätern, die ihre Kinder abholen, gezeigt oder zur Erinnerung fotografiert werden.

1.3 Der Schnee

Arbeitsmaterial Schnee ist die Bezeichnung für festen Niederschlag, der bei Temperaturen um und unter 0° C fällt. Schneeflocken bestehen aus kleinen Eiskristallen, die sich beim Fallen aneinander lagern. Von der Temperatur und der Luftfeuchtigkeit ist die Form der Kristalle abhängig, die sehr unterschiedlich sein kann: Unter dem Vergrößerungsglas sind 6-strahlige Sterne, Nadeln, Plättchen oder Säulen zu erkennen.

Ausgangs-beobachtungen Für die Kinder ist es immer wieder interessant, auf einem dunklen Tonpapier Schneeflockenkristalle mit der Lupe zu betrachten. Auch das Schmelzen des Schnees im warmen Raum führt zu einem verblüffenden Ergebnis, weil von einer mit Schnee gefüllten Schüssel nur relativ wenig Wasser übrig bleibt.

Von der Montessori-Pädagogik übernommen sind die Tastübungen, die Erfahrungen über Wasser in verschiedenen Aggregats- und Temperaturzuständen vermitteln. Von Eis und Schnee bis hin zu hoch temperiertem Wasser können die Kinder erfahren, wie kalt oder warm sich das anfühlt, und eine logische Reihe von „heiß" über verschiedene Zwischenstufen bis „eiskalt" bilden.

Themen A. Die Kugelbahn
B. Schneewolken und Sonne
C. Spuren im Schnee

Grundmaterial Schnee in großer Menge für die Kugelbahn und weniger Schnee für die Spuren-Spiele.

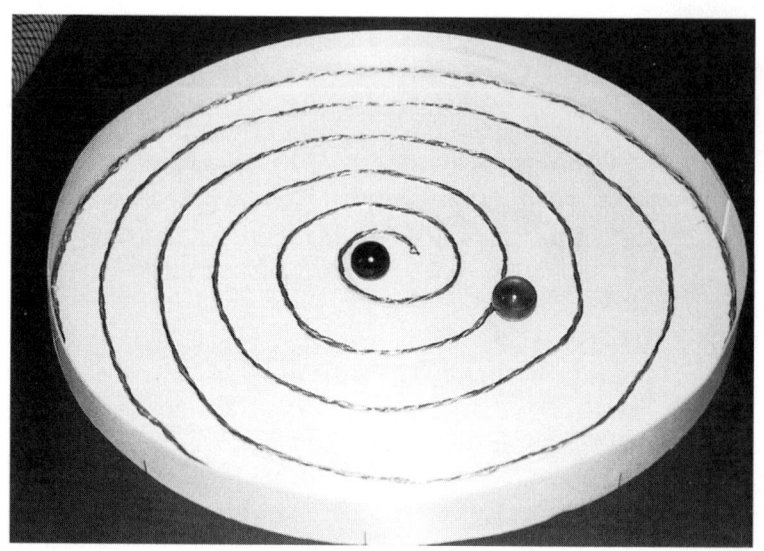

A. Die Kugelbahn

Vermittelte Form Die Spirale (Schneckenspirale).

Zusätzliches Material Eine Schachtel (idealerweise eine runde Schachtel) mit schneckenförmig aufgeklebter Schnur und eine Holzkugel, außerdem viele Glasmurmeln.

Ort Im schneebedeckten Garten.

Spruch *Meine Kugel ist nicht dumm,*
sie rollt immer rundherum.

Hinführung Die Erzieherin klebt die Schnur in verjüngender Spiralenform auf den Schachtelboden. Dann zeigt sie den Kindern, wie die Holzkugel in der Schachtel von innen nach außen an der Schnur entlang rollt. Ein Kind nach dem anderen nimmt die Schachtel und lässt die Kugel an der Schnur entlangrollen. Die Bewegung wird von dem Spruch begleitet.

Durchführung	Draußen bauen die Kinder einen Turm aus Schnee, dessen Durchmesser von unten nach oben abnimmt. Jeweils zwei Kinder bilden dabei eine Gruppe. Nun wird mit der Hand an der Außenseite des Turms von oben nach unten ein Weg gezogen. Er muss glatt und gleichmäßig abfallend sein. Mit den Murmeln wird immer wieder getestet, ob sie schon gut läuft oder ob noch nachgearbeitet werden muss. Die fertigen Kugelbahnen werden von den einzelnen Gruppen den anderen Kindern vorgeführt.
Schluss	Jetzt wird der Kreativität freien Lauf gelassen und es können Tunnelabkürzungen eingebaut werden. Die fertigen Kugelbahnen werden fotografiert.

B. Schneewolken und Sonne

Vermittelte Form	Die Wolke mit nach außen gewölbten Bögen bzw. Wolkenform mit langgezogenen und kurzen Bögen.
Zusätzliches Material	Eine gelbe Fahne oder eine gelbe Sonne aus Pappe oder Tonpapier, pro Kind eine Papphülse (Papphülse einer Küchenpapierrolle), Papier, Klebstoff oder selbstklebendes Buntpapier und eine Schere.
Ort	Im Garten und im Gruppenraum.
Spruch	*Flocken fallen auf die Erde,* *dass es überall weiß werde.* *Aus dem großen Wolkenhaus* *fallen viele Flocken raus.*

Hinführung Aus der Pappröhre baut sich jedes Kind ein Wolkenrohr. Dafür wird die Rolle außen mit buntem Papier beklebt. Durch das Wolkenrohr können die Kinder die Wolken am Himmel beobachten. Vielleicht sind große, graue Schneewolken zu sehen. Es folgt ein Gespräch über Wolken, ihre Entstehung und ihre Funktion (Kreislauf des Wassers).

Durchführung Im Garten malt jedes Kind seine Wunschwolke mit großen Bewegungen in die Luft. Besonders dicke, dunkle Wolken sind interessant aufzumalen, weil sie viele Bögen haben. Die Erzieherin malt zum Schluss ihre Wunschwolke in die Luft und sagt den Spruch. Die Kinder wiederholen den Spruch und die Bewegungen der Erzieherin. Jedes Kind darf nun den Spruch wiederholen und Fuß vor Fuß seine Wunschwolke in den Schnee gehen. Wichtig ist, dass die Wolken große Bögen haben.

Dann folgt ein Wasserkreislaufspiel. Die Kinder stellen sich als Schneeflocke in ihre Wunschwolke. Die Erzieherin sagt den Spruch, und die Schneeflocken verlassen ihre Wolke. Zeigt die Erzieherin die gelbe Sonnenfahne bzw. die Pappsonne, läuft jedes Kind schnell in seine Wunschwolke zurück.

Wer die Wolke zuletzt erreicht, sagt als nächster den Spruch und zeigt die Sonnenfahne.

Schluss Zum Schluss bleibt eine Schneeflocke übrig. Sie darf die letzte Sonne sein. Dann spielen alle Kinder ein letztes Mal Schneeflocken. Das Ende des Spiels bestimmen die Kinder. Eventuell fallen ihnen noch eigene Spielregeln ein.

C. Spuren im Schnee

Vermittelte Formen Wellen- und Zickzacklinien, Zinnen- und Bogenlinien werden wiederholt.

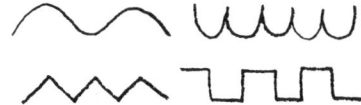

Zusätzliches Material Ein DIN-A3-Blatt, pro Kind ein Zettel vom Memoblock und ein Bleistift.

Ort Im Gruppenraum und im schneebedeckten Garten.

Hinführung Die Kinder erhalten im Gruppenraum die Aufgabe, verschiedene Linien, die sie schon gemeinsam erarbeitet haben, in die Luft zu malen. Nacheinander darf jedes seine Linie mit einem Stift auf das große Blatt malen. Dann werden die Linien mit Zahlen versehen. Jedes Kind würfelt nun und malt die Linie, die es erwürfelt hat, auf einen Memoblockzettel.

Durchführung Warm angezogen, geht es draußen im Schnee weiter. Jedes Kind hat auf seinem Memoblockzettel seine Aufgabe erhalten, welche Spur es in den Schnee treten soll. Fuß vor Fuß verzieren die Kinder den Schnee mit den verschiedenen Mustern.

Sind alle Spuren etwa gleich schwierig und benötigen die Kinder ungefähr die gleiche Zeit, um die Spuren abzulaufen, kann das Spiel beginnen. Alle Zettel werden eingesammelt und dann die Spuren gemeinsam angeschaut. Jetzt werden die Zettel neu gezogen. Nach einem Startsignal läuft jeder zu der Spur auf seinem Zettel, geht die Spur ab und bringt der Erzieherin den Zettel zurück.

Gewonnen hat derjenige, der am schnellsten seinen Zettel wieder abgegeben hat und nicht neben die Spur getreten ist.

Schluss Die Kinder finden eigene Varianten für das Spiel und verzieren den Schnee über und über mit Linienmustern.

1.4 Der Sand

Arbeitsmaterial Sand ist lockeres Trümmergestein mit unterschiedlichem Korndurch-
messer. Man unterscheidet feinen, groben und ganz groben Sand, der
Grand heißt. Wenn Gestein verwittert, entsteht Sand. Durch Wind
und Wasser wird er transportiert und angehäuft. So entstehen die
sandigen Fluss- und Meeresstände, aber auch ganze Dünenland-
schaften. Sand hat meist einen sehr hohen Anteil an Quarz oder Feld-
spat. Er ist wasserdurchlässig, und so sind sandige Böden auch trockene Böden, weil das Wasser schnell abfließt. Sand wird zum Bauen und
in der Glasindustrie benötigt, aber auch für Filter bei Trinkwasseran-
lagen (Sandstein). Natürlich brauchen wir auch Sand für die vielen
Sandkästen zu Hause, auf Spielplätzen, auf Sportplätzen, im Kindergarten und in den Schulen.

Wie wäre es mit einem Versuch, ob Sand wirklich wasserdurchlässig
ist? In einen Filteraufsatz, der mit einer Filtertüte bestückt ist, geben
wir Sand. In den Filter wird nun Wasser geschüttet. Was geschieht?

Themen   **A. Im Sandkasten draußen**
a) Spuren mit einer Tüte
b) Ich baue mir ein Sandhaus
c) Ein orientalischer Sand-Teppich (Partnerspiel)

B. Mit der Sandschachtel
a) Drei in einer Reihe (Partnerspiel)
b) Schmetterlinge
c) Fahrspuren im Sand

Grundmaterial Ein ausreichend großer Sandkasten, in dem alle Kinder der Gruppe
Platz haben, eine Gartenharke.

A.a) Spuren mit einer Tüte

Vermittelte Form Wiederholung aller schon
bekannten Formen.

**Zusätzliches
Material** Pro Kind eine Plastiktüte
(in der Größe eines Gefrierbeutels) sowie eine Sandschaufel, eine
Schere, Kärtchen mit einfachen Formen als Aufgabenlose.

Ort Im Sandkasten.

Vorbereitung Die Erzieherin hat gemäß der Anzahl der Kinder als Aufgabenlose
kleine Kärtchen vorbereitet, auf die sie verschiedene Formen gezeichnet hat, die die Kinder schon kennen gelernt haben.

Gemeinsam wird der Sandkasten vorbereitet, tiefe Löcher werden
gefüllt, Hügel abgetragen, sodass eine einheitliche Sandfläche entsteht. Der Sand muss ganz trocken sein. Mit der Harke wird der Sand
aufgelockert und geebnet. Jedes Kind sucht sich nun seinen Platz im
Sandkasten und malt mit der Hand eine etwa 50 × 100 cm große Tafel
(Rechteck) in den Sand. Dann folgt das Glätten der Fläche innerhalb
des Rechtecks mit beiden Händen, bis keine Rechenspuren mehr zu
sehen sind. Jetzt erhält jedes Kind einen Plastikbeutel, den es mit Sand
füllt.

Durchführung Alle Lose liegen verdeckt in einem aufgemalten Kreis auf dem Sand.
Jedes Kind zieht nun ein Aufgabenlos. Wer zuerst seine Vorbereitungen abgeschlossen hat, darf als erster seine Aufgabe ziehen.

Wenn alle ein Aufgabenlos haben, schaut sich jeder sein Los genau
an, zeigt es aber keinem anderen Kind. Die Erzieherin demonstriert
an einem Beispiel, z. B. einem Haus, wie die Aufgabe zu lösen ist. Der
Sand rieselt als feiner Strahl aus der Tüte, in die ein kleines Loch geschnitten wurde. Damit lassen sich Striche ziehen. Möchte man einen
Strich beenden, muss das Loch zugehalten werden.

Die Erzieherin schneidet jetzt jedem Kind ein kleines Loch in die
Tüte. Dann beginnt für alle Kinder eine Experimentierphase: Wie
kann ich meine Aufgabe am besten erfüllen. Sind alle Aufgaben er-

füllt, gehen die Kinder zusammen herum und raten gemeinsam, was jeder als Aufgabe hatte.

Schluss Oft sind die Kinder so motiviert, dass sie die Aufgabe sofort mit einem neuen Symbol wiederholen möchten.

Eine andere Möglichkeit ist, die Kinder selbst ein Motiv ausdenken und umsetzen zu lassen.

Auch selbstständig weiter mit dieser Technik zu experimentieren, ist eine gute Möglichkeit, die Anleitung fortzuführen.

A.b) Im Sandhaus

Vermittelte Formen Striche, Bögen, Zinnen, Zickzack-Linien, Wellen werden in Kreisform erarbeitet.

Zusätzliches Material Pro Kind ein Holzstäbchen oder -stöckchen.

Ort Im Sandkasten.

Vorbereitung Die Sandfläche wird wie beim vorhergehenden Angebot gemeinsam vorbereitet. Dann sucht sich jedes Kind einen Platz auf der Sandfläche und glättet die Sandfläche rund um sich herum in einem etwa 30 cm breiten Streifen.

Durchführung Die Kinder sitzen in ihrem „Haus". Zuerst benötigt man einen Ausgang, der entweder durch zwei Striche oder zwei kleine Sandmauern gekennzeichnet wird.

Nun darf sich jeder überlegen, wer oder was er sein möchte und was um ihn herum ist. Wer wohnt wo? Z. B. ein Käfer auf einer Blume, ein Ritter in einer Burg, ein Pirat auf seinem Schiff, eine Hexe im Wald, ein Sonnenkind in der Sonne usw. Hier kann die Erzieherin Vorschläge machen, um die Fantasie anzuregen.

Die Kinder verzieren den geglätteten Sandstreifen um sich herum mit Hilfe des Stöckchens mit Mustern und Zeichnungen. Es erfordert von den Kindern viel Geschicklichkeit, kreisförmig um sich herum zu zeichnen. Haben sie ihre Aufgabe erfüllt, stellt sich jeder mit seinem Haus vor.

Schluss Zum Abschluss eignet sich ein Spiel, z. B.:

Ein Kind stellt sich außerhalb des Sandkastens auf und ruft: „Der Pirat und der Käfer wechseln das Haus." Nun versucht das rufende Kind, in eines der Häuser zu gelangen, bevor die beiden Bewohner die Plätze getauscht haben. Besonders aufregend wird es, wenn das Kind ruft: „Alle wechseln ihr Haus." Dann muss jeder wechseln. Dabei ist zu beachten, dass jeder den Eingang des Hauses benutzen muss.

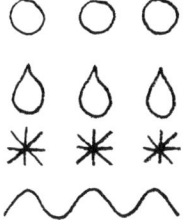

A.c) Ein orientalischer Sand-Teppich

Vermittelte Formen Wiederholung der schon bekannten Formen.

Zusätzliches Material Pro Kind ein Holzstäbchen oder -stöckchen, mehrere Murmeln oder Perlen (jeweils zwei in einer Farbe) in einem Säckchen.

Ort Im Sandkasten.

Vorbereitung Die Sandfläche wird gemeinsam vorbereitet. Durch Ziehen der Perlen oder Murmeln werden die Paare bestimmt: Die Kinder, welche die gleiche Farbe ziehen, bilden ein Spielerpaar. Jedes Paar glättet gemeinsam die Sandfläche für einen Teppich (Größe etwa 60 × 120 cm).

Durchführung Kurzes Einleitungsgespräch zum Thema Teppich: Was ist ein Teppich, warum hat man Teppiche, woraus sind sie und wie sehen sie aus?

Ein mit verschiedenen Mustern verzierter orientalischer Teppich soll nun auf der Sandfläche entstehen. Die Spielerpaare sitzen sich gegenüber, die glatte „Teppichfläche" zwischen ihnen, und beginnen, die Mitte des Teppichs gemeinsam zu gestalten. Jeder beginnt, von links nach rechts Kreise zu malen. In der Mitte treffen sich die Kinder. Nun wird von den Partnern ein neues Muster festgelegt, das beide Kinder auf ihrer Seite unter die Mittellinie anschließen lassen. Reihe für Reihe werden die Muster gemeinsam besprochen und durchgeführt, bis sie ans Teppich-Ende gelangen. Jeder hat nun ein Stück von etwa 60 × 60 cm mit Mustern versehen. Ans Ende wird noch eine Fransenreihe gesetzt.

Schluss Alle Teppiche werden gemeinsam betrachtet. Anschließend kann das folgende Spiel gespielt werden.

Abschlussspiel „Fliegender Teppich"
Der Spielleiter (am Anfang ist das die Erzieherin) hält die Augen zu. Die Kinder bewegen sich zwischen den Teppichen im Sandkasten. Wenn der Spielleiter ruft: „Der Teppich fliegt!", müssen die Kinder so schnell wie möglich zu ihrem Teppich laufen. Wer seinen Teppich zuletzt erreicht, hat seinen Teppich verpasst – er ist ihm davongeflogen. Dieses Kind übernimmt nun als nächstes die Rolle des Spielleiters.

B. Mit der Sandschachtel

Alternativ zum Sandkasten können die folgenden Spiele mit einer Schachtel, in die eine Schicht Vogelsand gefüllt wird, durchgeführt werden. Besonders in den Wintermonaten, wenn die Kinder nicht im Sandkasten im Garten spielen können, ist dieses Angebot interessant. Außerdem ist der Vogelsand feinkörniger als Spielsand und vor allem für ruhige und konzentrationsfördernde Spiele geeignet.

B.a) Drei in einer Reihe

Vermittelte Form Das Rechteck oder Quadrat mit
senkrechten und waagerechten
Strichen.

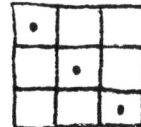

Zusätzliches Material 2 × 6 Spielsteine, z. B. Muscheln, Murmeln, Knöpfe, Steine etc., außerdem Gegenstände, mit denen Spuren und Abdrücke erstellt werden können.

Ort Im Gruppenraum am Tisch.

Spruch *Ich male einen Strich für dich,*
ich male einen Strich für mich,
uns male ich den nächsten Strich,
der letze Strich, der ist für mich.

Vorbereitung In den Deckel der Schachtel wird Vogelsand gegeben und glattgestrichen. Jedes Kind bereitet seine Sandschachtel selbstständig vor.

Hinführung Die Kinder haben die Gelegenheit, das Material zu erforschen. Sie können mit dem Finger etwas in den Sand malen, z. B. ein Haus, eine Sonne, eine Blume, sie können Abdrücke von den Händen oder mit verschiedenen Gegenständen machen, kleine Straßen anlegen oder eine Murmel durch den Sand rollen lassen und schauen, welche Spuren sie hinterlässt.

Durchführung Die Sandfläche wird wieder geebnet. Jeder malt mit seinem Zeigefinger so viele senkrechte Striche in seinen Kasten wie hineinpassen. Begleitet werden die Bewegungen mit dem Spruch. Jedes Kind darf nun zählen, wie viele Striche es in seinen Kasten gemalt hat. Die gleiche Aufgabe wird nun für waagerechte Striche gestellt.

Anschließend nehmen immer zwei Kinder eine Sandschachtel. Sie sollen aus 4 senkrechten und 4 waagerechten Strichen einen quadratischen oder rechteckigen Kasten mit 9 Feldern in den Sand malen. Die Kinder besprechen untereinander, wie das geht und wer welche Striche malt. Die Aufgabe soll im Team erledigt werden.

Dann sucht sich jedes der Kinder 6 Spielsteine und zählt sie anschließend seinem Spielpartner laut vor. Ein Kind nimmt einen Spielstein, hält die Hände auf den Rücken und wechselt den Spielstein von einer Hand zur anderen.

Der Partner sagt „stopp" und entweder „rechts" oder „links". Befindet sich der Stein in der richtigen Hand, darf er anfangen, ein erstes Feld in der Sandschachtel zu besetzen. Dann werden die Spielsteine abwechselnd gelegt. Wer zuerst drei Steine waagerecht, senkrecht oder diagonal in eine Reihe hintereinander legen konnte, hat gewonnen. Aufgabe des jeweils anderen Spielers ist, das mit seinen Spielsteinen zu verhindern.

Schluss Das Spiel wird mehrmals wiederholt, und natürlich wird jedes Mal der Kasten neu gemalt. Auf den Spruch kann verzichtet werden, wenn die Kinder sicher ihre Striche ziehen.

B.b) Schmetterlinge

Vermittelte Form Die geschlossene, eckige Form „Schmetterling".

Zusätzliches Material Regenbogen- oder anderes Faltpapier, eine kleine Gummimatte, ein Würfel, ein Haushaltssieb mit Stiel und pro Kind etwa 50 cm Baumwollgarn.

Ort Im Gruppenraum am Tisch oder auf dem Boden.

Spruch Schmetterlinge bunt und schön
kannst du an den Blumen sehn.

Hinführung   Die Erzieherin stellt pantomimisch mit den Händen den Flug des Schmetterlings dar. Erkennen die Kinder, welches Tier dargestellt wird oder brauchen sie Hinweise? Was fällt den Kindern zum Thema „Schmetterling" ein? Welche Lieder oder Spiele kennen sie? Vielleicht wollen sie „Schmetterling, du kleines Ding" singen oder nur über die unterschiedlichen, bunten Schmetterlingsarten sprechen.

Durchführung   Die Erzieherin zeichnet den Kindern die Schmetterlings-Form in ihre Schachtel mit Sand. Dabei sagt sie den Spruch auf. Der Schmetterling wird mit dem Zeigefinger so groß wie möglich in den Sand gezeichnet. Danach wird der Sand wieder geglättet und jedes Kind zeichnet nun seinen eigenen Schmetterling.

Dann wird der große Schmetterling durch eine Familie kleinerer Schmetterlinge ersetzt: Vater, Mutter und drei Kinder. Sie werden mit Körper, Kopf, Fühlern und einem Muster auf den Flügeln vollendet.

Die Schachteln werden vorsichtig zur Seite gestellt und aus dem Faltpapier faltet sich jedes Kind einen einfachen Schmetterling, indem ein Streifen Papier im Zickzack gefaltet wird. In der Mitte des gefalteten Streifens wird ein Baumwollfaden angeknotet und die Flügel entfaltet.

Die Gummimatte wird auf den Boden gelegt und mit Sand ein Kreis aufgestreut.

Spielanleitung   „Schmetterlinge fangen"
Alle Kinder sitzen im Kreis um die Matte, im Sandkreis liegen die Schmetterlinge, jedes Kind hat das Ende des Fadens, an dem sein Schmetterling befestigt ist, in der Hand. Die Erzieherin spielt mit dem Küchensieb den Schmetterlingsfänger. Die Erzieherin würfelt. Erscheint eine 6, darf sie mit dem Sieb die Schmetterlinge innerhalb des Sandkreises fangen. Die Kinder müssen schnell reagieren und ihre Schmetterlinge am Faden aus dem Sandkreis ziehen. Hat die Erzieherin einen Schmetterling erwischt, muss das betreffende Kind einen von seinen Schmetterlingen in der Sandschachtel ausstreichen.

Schluss   Es wird so lange gespielt, bis nur noch ein Schmetterling in einer

Sandschachtel übrig ist. Wenn die Kinder wollen, kann das Spiel mit einer neuen Menge Schmetterlinge wiederholt werden.

Jedes Kind darf seinen gefalteten Schmetterling mit nach Hause nehmen.

B.c) Fahrspuren im Sand

Vermittelte Form Die Formen ergeben sich während des Spiels.

Zusätzliches Material Pro Kind eine Murmel.

Ort Im Gruppenraum

Spruch Murmel rolle hin und her,
rundherum, das ist nicht schwer.

Hinführung Gespräch über alles, was den Kindern zum Thema „Wüste" einfällt. Wie sieht es dort aus? Wie kann man die Wüste durchqueren?

Durchführung Die Schachtel mit dem Sand ist die Wüste und die Kugel ein Auto, mit dem wir die Wüste durchqueren wollen. Die Kugel wird nun in die eine Ecke der Schachtel gelegt. Eine Straße ist nicht zu erkennen, denn in der Wüste gibt es keine Straßen. Du möchtest mit dem Auto in die andere Ecke fahren. Findet das Auto den Weg? Dann wird der Rückweg durch die Wüste auf demselben Weg auf der jetzt vorhandenen Spur zurückgelegt. Die Übung wird von einer anderen Ecke der Schachtel aus wiederholt und der Spruch dazu gesprochen.

Nachdem die Übung mehrmals wiederholt wurde und die Kinder ein Gefühl für das Rollen der Kugel und die Formen, die sie dabei im Sand hinterlässt, bekommen haben, wird eine neue Aufgabe gestellt.

Mit den Fingern wird eine ganz schwere Strecke in den Sand gemalt, die dann mit der Murmel nachgefahren werden muss.

Schluss Jedes Kind zeigt nacheinander den anderen Kindern seine Strecke, indem es sie mit der Murmel nachfährt.

1.5 Die Kreide

Arbeitsmaterial Kreide ist das jüngste Gestein des Erdmittelalters. Sie ist ein weißer, feinkörniger und weicher Kalkstein, der leicht abfärbt. Auf der Insel Rügen gibt es die bekannten Kreidefelsen, und mit diesem Gestein, der so genannten Schreibkreide, kann man malen und schreiben.

Beobachtung Zunächst werden die Eigenschaften der Kreide wahrgenommen. Was geschieht mit der Kreide, wenn ich auf Sandpapier ein paar Striche male? Wie sieht die Kreide anschließend aus? Kann man mit Kreide auch dann noch malen, wenn man sie mit dem Mörser zerstampft hat? Was macht Kreidepulver in Wasser?

Kann ein Stück Kreide schwimmen? Malt feuchte Kreide anders als trockene, oder gibt es keinen Unterschied? Kreide ist ein Gestein. Wie verhält sie sich im Vergleich zu einem anderen Gestein? Was kann Kreide, was ein harter Kieselstein nicht kann?

Themen A. Der Löwe
B. Der Hüpfkasten
C. Die Blume

Benötigtes Material Bunte Kreide (Straßen- oder Tafelkreide), eine trockene Teerfläche oder Steinplatten bzw. eine Tafel.

A. Der Löwe

Vermittelte Form Kreis mit Strichen als Löwenkopf mit Mähne.

Zusätzliches Material Bilderbuch mit einem Löwen. Nur wenn im Haus gemalt werden soll eine Tafel.

Ort Draußen auf einem Teerplatz oder auf Steinplatten. Drinnen auf einer Tafel.

Spruch Großer Löwe,
große Mähne,
und ich male jede Strähne.

Hinführung Ein Bilderbuch, das schnell vorzulesen ist, z. B. „Ich bin der kleine Löwe".

Das Buch wird heute unter dem besonderen Aspekt betrachtet: sich den Löwen genau anzuschauen. Wie sieht ein Löwenvater aus?

Durchführung Gemeinsam wird der Spruch eingeübt. Der Löwenkopf mit Mähne wird zuerst einmal in die Luft gemalt, anschließend malen die Kinder ihren Löwenvater mit Kreide auf das Pflaster bzw. auf die Tafel. Dabei wird zuerst immer wieder ein großer Kreis mehrmals aufeinander gemalt, bis die Form gut erfasst und der Kreis rund ist. Nun werden die Striche strahlenförmig angesetzt, immer vom Kopfkreis ausgehend. Dabei wird der Spruch aufgesagt. Ist die Mähne voll und dicht ausgemalt, wird mit den Kindern über das Löwengesicht gesprochen. Jeder darf nun seinem Löwen ein Gesicht malen. Dafür wird der Kreis zuerst grundiert, und zwar mit der gleichen Farbe, mit der der Umriss gemalt wurde. Erst dann werden Augen, Nase, Maul hineingemalt. Den Schnurrbart und die Ohren nicht vergessen!

Schluss Da dieser Löwenkopf ein vergängliches Kunstwerk ist, bietet es sich an, es sofort gemeinsam mit den anderen zu betrachten und zu fotografieren.

B. Der Hüpfkasten

Vermittelte Form Die offene, eckige Form einer enger werdenden Spirale.

Zusätzliches Material Ein flacher Stein.

Ort   Auf einem Teerplatz draußen.

Spruch   Ich will dir was erzählen
von der Hexe Mählen.
Die hat einen Wundergarten,
das kannst du bestimmt nicht raten.

Hinführung   Den Kindern wird der Stein gezeigt. Sie sollen ihn genau betrachten und erzählen, was ihnen auffällt, wenn sie ihn in der Hand haben, welche Farbe und welches Muster er hat, ob er schwer ist oder leicht, warm oder kalt usw. Wir wollen mit dem Stein spielen, haben aber nur einen Stein und Kreide. Wer weiß, was wir damit anfangen können?

Durchführung   Den Kindern wird eine Geschichte von der Hexe Mählen erzählt, die einen Wundergarten hat. Dieser Wundergarten sieht aus wie eine eckige Schneckenspirale. Gemeinsam mit den Kindern wird die Form dieses Wundergartens in die Luft gemalt. Die Kinder lernen den Spruch.

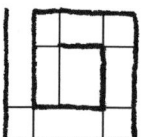 In diesem Garten spielt die Hexe manchmal ein Spiel. Um das Spiel kennen zu lernen, wird der Hexengarten von den Kindern gemeinsam groß aufgemalt. Der große Wundergarten besteht aus 8 Grundstrichen, die wie ein eckiges Schneckengehäuse aussehen. Jeder Strich wird von innen zum äußeren Strich hin verlängert. So entstehen 10 Felder. Von außen nach innen werden die Zahlen von 1 bis 10 in die einzelnen Felder geschrieben.

Anschließend darf ein Kind nach dem anderen versuchen, auf einem Bein von einem Feld zum anderen zu hüpfen, ohne auf einen Strich zu treten.

Schluss   Nun wird der Stein ins Spiel gebracht. Die Erzieherin macht es den Kindern vor, wie man mit dem Hüpfstein hüpft. Nun können die verschiedensten Regeln aufgestellt und das Hüpfkastenspiel auf unterschiedliche Weise gespielt werden.

C. Die Blume

Vermittelte Form Schleifen als geschlossene Formenkombination aus einer Linie, die links begonnen, nach oben, rechts und unten fortgeführt und wieder geschlossen wird.

Zusätzliches Material Im Raum eine Tafel, ein langes Seil, pro Kind ein Hüpfseil und eine Papierblume als Orden.

Ort Auf dem Teerplatz draußen oder im Gruppenraum mit Tafel.

Spruch *Blumen groß und Blumen schön siehst du auf der Wiese stehn.*

Hinführung Die Erzieherin legt mit dem Seil die Form der Blume auf dem Boden. Die Kinder schauen zu. Sie gehen die Form ein paar Mal ab und sagen den Spruch dazu. Dann legen sie die Blume nach dem großen Vorbild mit ihrem Hüpfseil.

Durchführung Zuerst versucht jeder mit seiner Kreide eine Schleife auf die Tafel zu malen. Die Bewegung wird durch den Spruch unterstützt. Von der Tafel werden die Übungen entfernt und jeder versucht nun, die Blume zu malen.

Schluss Jeder malt auf seiner sauberen Tafel oder auf einem Stück Asphalt noch einmal eine Blume. Jede Blume wird gemeinsam betrachtet und die Kinder bekommen für diese schöne Arbeit einen Papierblumen-Orden für ihre Mühe.

1.6 Der Plastikschlauch

Arbeitsmaterial   Wie die Plastikfolien ist der durchsichtige Plastikschlauch ein modernes Industrieprodukt, das aus dem Grundstoff Erdöl hergestellt wird. Schläuche werden in verschiedensten Größen und Längen für die unterschiedlichsten Aufgaben benötigt. So gibt es den Gartenschlauch, den Duschschlauch, den Aquariumschlauch, den Kraftstoffschlauch an der Tankstelle, verschiedene Schläuche im Auto, den Feuerwehrschlauch, den Staubsaugerschlauch usw.

Themen   A. Bogenlauf
B. Brezeln backen
C. Schlittschuh laufen

Grundmaterial   Pro Kind etwa 1 m Plastikschlauch (durchsichtig) mit ca. 2 cm Ø, mehrere bunte Perlen mit ca. 1 cm Ø, durchsichtigen Klebestreifen.

A. Bogenlauf

Vermittelte Form   Der Bogen mit Öffnung oben / Öffnung unten.

Zusätzliches   Schere, Plastilin, pro Spielpaar ein kleiner Ball oder eine Holzkugel,
Material   pro Kind ein Blatt Papier.

Ort   Im Gruppenraum auf dem Boden und am Tisch.

Spruch   Schaukel hin und schaukel her,
schau nur hin, es ist nicht schwer.

Vorbereitung   Jedes Kind hat ein Schlauchstück von ca. 1 m. Das eine Ende wird mit
Klebeband verklebt, dann werden die bunten Perlen in den Schlauch
gefüllt und das andere Ende verklebt.

Durchführung   Jedes Kind nimmt seinen Plastikschlauch. Die Enden werden mit den
Händen gehalten und zu einem Bogen leicht zusammengedrückt.
Der Bogen zeigt nach außen, vom Körper weg.

Die Perlen werden alle auf der linken Schlauchseite gesammelt.
Nun gilt es, die Perlen im Plastikschlauch durch Senken und Heben
des Bogens auf die rechte Seite zu rollen. Die Perlen werden anschließend wieder von rechts nach links befördert. Der Spruch wird einge-
setzt. Anschließend wiederholen nur die Mädchen die Übung, dann
die Jungen. Alle wiederholen, auf einem Bein stehend, den Spruch
und die Übung. Fußwechsel. Nun kann noch auf dem Bauch liegend
die Übung ausführt werden.

Wieder aufrecht stehend, wird der Plastikschlauch in die andere
Richtung gebogen: Die Enden zeigen vom Körper weg. Wieder werden die bunten Perlen von der einen auf die andere Seite gerollt, zunächst auf einem Bein stehend, dann abwechselnd auf dem linken
und dem rechten Bein und schließlich auf dem Bauch liegend. Den
Spruch nicht vergessen!

Spielanleitung   Bogenlauf
Nun werden Spielerpaare gebildet. Jeder zerschneidet sein Blatt Papier
der Länge nach in fünf Streifen. Diese Papierstreifen werden als Bögen mit Plastilin oder Klebestreifen wie Tore auf dem Boden befestigt.
Die 10 Tore sollen nicht in einer geraden Linie stehen, sondern eine

leicht kurvige Strecke beschreiben. Abwechselnd rollen die Spielerpaare nun ihren Ball oder ihre Kugel durch die Tore. Eventuell müssen
ein paar Bögen versetzt werden. Wie stark darf die Kurvenneigung
sein, dass der Ball an einem Stück die gesamte Strecke durchlaufen
kann?

Schluss Als Abschluss kann nun jede Mannschaft reihum versuchen, die Kugel so schnell und so reibungslos wie möglich durch die Tore der anderen Spielerpaare zu rollen.

B. Brezeln backen

Vermittelte Form Die Brezelform.

**Zusätzliches
Material** Eine Tüte Salzbrezeln, ein Körbchen, ein Zahlenwürfel, pro Kind ein
Blatt graues Tonpapier und ein brauner Filzstift.

Ort Im Gruppenraum am Tisch.

Spruch *Ich backe Brezeln eins, zwei, drei,
wer eine mag, der kommt herbei.*

Hinführung Alle Kinder stehen hinter der Erzieherin in einer Reihe. Die Erzieherin geht mit den Kindern in kleinen Schritten eine gedachte Brezelform von einem Ende zum anderen ab. Da diese Form nicht sichtbar
ist, muss sie bestimmt öfter gegangen werden, bis die Kinder sie erfasst und benannt haben. Eventuell unterstützt die Erzieherin die Kinder mit erklärenden Beschreibungen.

Durchführung Ist das Rätsel gelöst, kommt der Schlauch ins Spiel. Wieder werden
Perlen eingefüllt und die Enden verschlossen. Jedes Kind probiert nun,
die Brezelform mit dem Schlauch für sich zu erarbeiten. Später können den Kindern als Muster und Hilfestellung Salzbrezeln angeboten
werden.

Hat jeder die Form gefunden, kann sie mit transparentem Klebestreifen fixiert werden. Immer zwei Kinder helfen sich gegenseitig beim Halten und Verkleben ihrer Plastischläuche. Mehrmals werden die Perlen in der Brezelfigur von einem Ende zum anderen abgerollt. So wird die Form über die Bewegung mit den Armen und Augen erfasst.

Schluss Den Schluss dieser Erfahrung bildet ein Spiel:

In der Mitte steht ein Korb mit Salzbrezeln. Alle Kinder sind Bäcker, und jedes Kind bekommt ein graues Tonpapier (das Backblech) und einen braunen Stift zum Brezelnmalen. Dann wird reihum gewürfelt. Das erste Kind würfelt, z. B. eine 4. Nun darf es vier Brezeln aus dem Korb nehmen und auf sein Backblech malen.

Inzwischen wird der Würfel weitergegeben, und es gilt, die vier Brezeln so schnell wie möglich auf das Backblech zu malen, denn wenn es wieder mit Würfeln an der Reihe ist, muss es sofort mit dem Malen aufhören, alle Salzbrezeln in den Korb zurücklegen und neu würfeln.

Nach etwa 4 bis 6 Spielrunden wird das Spiel beendet, und jeder darf sich so viele Brezeln aus dem Körbchen nehmen wie auf seinem Blech aufgemalt sind.

C. Schlittschuh laufen

Vermittelte Form Die liegende Acht.

Zusätzliches Material Mütze und Handschuhe, ein paar weiße Blätter DIN A3 und pro Kind ein dicker blauer Filzstift.

Ort Im Gruppenraum, am Tisch oder auf dem Fußboden.

Spruch *Schlittschuhlaufen, das macht Spaß.*
Könnt ihr das?

Hinführung Mit den Kindern wird über das Schlittschuhlaufen gesprochen. Reden darf das Kind, das die Mütze und die Handschuhe angezogen hat. Ein Kind nach dem anderen bekommt Mütze und Handschuhe und erzählt, was es vom Schlittschuhlaufen weiß. Die Erzieherin stellt abschließend ein paar Fragen, z.B.: Habt ihr schon mal zugeschaut? Kennt ihr jemanden, der Schlittschuh läuft? Habt ihr es schon mal probiert? Habt ihr schon mal ein Eishockeyspiel gesehen? Wer hat es im Fernsehen gesehen? Wer hat schon mal Eiskunstlaufen und Eistanz im Fernsehen gesehen? Was wird da gemacht? Eventuell können die Kinder nachspielen, was sie beim Eiskunstlauf gesehen haben.

Die Erzieherin erzählt, dass sie schon einen Eiskunstläufer eine bestimmte Figur hat laufen sehen. Sie geht eine liegende Acht. Wer erkennt es? Wer kann die Figur nachgehen?

Durchführung Eine Perle wird in den Schlauch gesteckt und die beiden Enden aufeinander gesetzt und so miteinander verklebt, dass ein geschlossener Kreis entsteht. Die Perle wird probeweise im Kreis durch den ganzen Schlauch gerollt. Dann wird der Kreis zu einer Acht gedreht und in der Mitte, wo sich die Schlauchbahn kreuzt, mit Klebestreifen fixiert Immer zwei Kinder führen diese Aufgabe gemeinsam durch. Ist die Schlauchform fertig, lässt jeder die Perle durch seinen zur 8 geformten Plastikschlauch rollen und beobachtet dabei den Lauf der Perle genau.

Diese Erfahrung wird nun auf das Blatt übertragen. In einem Schwung zeichnen die Kinder mit dem Filzstift eine liegende 8. Wichtig ist zu beachten, dass die Kinder die Übung locker und nicht verkrampft ausführen. Die Bewegung wird durch den Spruch unterstützt, und der Schreibschwung der liegenden 8 wird mehrmals auf der gleichen Spur wiederholt.

Schluss Alle Kinder laufen hintereinander auf der Bahn einer großen, imaginären 8. Das vorderste Kind gibt dabei immer die Richtung an, und nach jedem vollständigen Achterschwung wechselt das vorderste Kind an die hinterste Stelle.

1.7 Die Bio-Knete

Arbeitsmaterial Bio-Knete ist eine ungiftige und schnell herzustellende Modellier-
masse aus den Grundstoffen Mehl und Salz, die nach Belieben einge-
färbt und verarbeitet werden kann. Bio-Knete kann gemeinsam mit
den Kindern hergestellt werden. Das Kneten der Masse macht Spaß,
ist aber auch ziemlich anstrengend, deshalb sollte jedes Kind immer
nur eine kleinere Menge kneten und abwechselnd beide Hände benutzen.

Rezept 1 kg Mehl
½ kg Salz
1⅛ l Wasser
10 Teelöffel Kali-Alaun
5 EL Öl
Speisefarben

Herstellung Wasser, Öl, Alaun-Pulver und Farbe in einem Topf zum Kochen brin-
gen, dann das Wasser langsam in das Mehl-Salzgemisch einrühren.
Abkühlen lassen und verkneten, bis eine gleichmäßige, geschmeidige
Masse entsteht.

Themen A. Schneckenwettlauf
B. Brezeln verkaufen
C. Der schwarze Ritter

Grundmaterial Bio-Knete in verschiedenen Farben, evtl. etwas Plastilin.

A. Schneckenwettlauf

Vermittelte Form   Die Spirale von innen nach außen.

Zusätzliches Material   Ein Locher, ein Seil, eine Glocke, ein dicker farbiger Filzstift, pro Kind eine Lakritzschnecke, ein Stück rote Schnur, ein Streifen Pappe und etwa 2 m Baumwollschnur und ein großes Blatt Papier.

Ort   Im Gruppenraum oder im Garten auf ebener Fläche, ein Tisch wird auch benötigt.

Spruch   Schnecke im Haus, schnecke im Haus, strecke deine Hörner raus.

Hinführung   Alle Kinder stehen im Kreis. Die Erzieherin legt mit dem großen Seil eine Schneckenspirale von innen nach außen. Anschließend gehen die Kinder auf dem Seil der Form nach. Die Kinder beschreiben aus ihren Erfahrungen eine Schnecke mit Haus. Dann gehen sie noch einmal nacheinander das Seil ab und sagen dazu den Spruch auf.

Durchführung   Alle Kinder sitzen am Tisch. Jedes Kind bekommt ein Stück Bio-Knete in unterschiedlicher Farbe und verarbeitet sie zu einer etwa 30 cm langen Schlange. Die Schlange wird von innen nach außen zu einer Schnecke aufgerollt. Dabei wird wieder der Spruch aufgesagt.

Der Pappstreifen wird in der Mitte der kurzen Seite 1× gelocht und die Baumwollschnur angeknotet. Dann wird die Knetschnecke auf die Pappe gesetzt und festgedrückt. Jedes Kind gibt seiner Schnecke nun einen Namen.

Auf dem Boden wird eine Start- und eine Ziellinie gezogen. Alle Schnecken werden an der Startlinie nebeneinander aufgestellt, die Kinder stehen hinter der Ziellinie und halten die Schnur ihrer Schnecke in der Hand. Beim Glockenton wird die Schnur um die Hand aufgewickelt. Das Kind, dessen Schnecke zuerst die Ziellinie passiert, hat gewonnen.

Jeder malt nun am Tisch mit dem dicken Filzstift seine Schnecke in ihrer Farbe auf das große Blatt (Linienführung von innen nach außen). Mit einem schwarzen Stift schreibt die Erzieherin die Zieleinlaufzahl auf das Schneckenhaus und den Namen, den das Kind seiner Schnecke gegeben hat. Diese Urkunden werden im Gruppenraum aufgehängt.

Schluss   Jedes Kind bekommt zum Schluss als Siegerpreis eine Lakritzschnecke und eine rote Schnur. Die Schnecke muss abgewickelt und die rote Schnur zu einer Schnecke aufgewickelt werden. Erst dann ist die Lakritzschnecke Eigentum des Kindes und darf gegessen werden.

B. Brezeln verkaufen

Vermittelte Form   Die Brezelform.

Zusätzliches Material   Spielgeld: 1-, 2- und 5-Euro-Stücke, 10-Euro-Schein, ein Stück Baumwollschnur (pro Kind etwa 50 cm), eine graue Pappe DIN A4, pro Kind, ein weißes Blatt DIN A3, ein Stift, Material, um einen Bäckerladen einzurichten, z. B. Kasse, Körbchen, Bleche, Stift und Zettel, Requisiten: Bäckermütze, Schürze, Geldbeutel und Korb.

Ort   Im Gruppenraum am Tisch.

Spruch   *Brezeln back ich für jedes Kind.*
Kommt und kauft sie nun geschwind.

Vorbereitung   Gemeinsam richten die Kinder einen Bäckerladen ein mit dem Material, das zur Verfügung steht.

Hinführung   Wer kennt Brezeln? Wer weiß, wie sie aussehen? Mit großen Bewegungen wird die Brezelform in die Luft gemalt, erst mit der rechten, dann mit der linken Hand. Dann versucht jedes Kind, die Brezelform mit seiner Schnur zu legen.

Die Kinder werden gefragt, wo es Brezeln zu kaufen gibt. Sie sollen ihre Erlebnisse in der Bäckerei schildern. Das Gespräch und ihre Erfahrungen beim Einkaufen leiten über zum Spiel.

Durchführung Aus brauner Knete werden dünne Würste gerollt, zur Brezelform gelegt und in einen Korb gelegt. Alle Kinder steuern ein paar Brezeln bei. Dann wird auf das Blatt Papier eine große Brezel gemalt. Jedes Kind zeichnet die Brezelform auf und fährt sie ein paar Mal nach.

Die Rollen werden verteilt: Bäcker, Mutter (oder Vater) und Kind. Wichtig für das Spiel ist, dass jedes Kind alle Rollen einmal gespielt hat, damit es auch die Brezeln zeichnet, das Verhältnis zwischen Brezeln und Feld versteht (Verhältnis 1 Brezel = 1 Euro), sprachlich unterschiedlich gefordert wird und sich nicht benachteiligt fühlt. Das Spiel kann parallel in mehreren Gruppen gespielt werden.

Spielverlauf Die Mutter (der Vater) gibt dem Kind den Auftrag, 4 Brezeln zu kaufen. Sie macht einen Einkaufszettel, auf den sie 4 Brezeln malt. Das Kind geht zur Bäckerei. Dort entwickelt sich ein Gespräch zwischen Bäcker und Kind.

Der Bäcker schreibt der Mutter einen Kassenzettel. Er malt die 4 Brezeln auf und malt hinter jede Brezel einen Kreis mit einer Eins, d. h. 1 Brezel = 1 Euro.

Zu Hause angekommen, kontrolliert die Mutter den Einkauf; sie zählt die Brezeln, schaut den Kassenzettel an und lobt das Kind.

Die Brezeln werden zu Hause (jetzt in der Backstube) von Mutter und Kind geformt, auf das Backblech (Pappe) gelegt und an die Bäckerei geliefert. Danach werden die Rollen gewechselt.

Schluss Zum Abschluss gehen alle Kinder mit der Erzieherin in eine Bäckerei und jeder kauft sich selbstständig eine Brezel.

C. Der schwarze Ritter

Vermittelte Form Die offene, eckige Form.

Zusätzliches Material 1 Würfel, Bilderbuch mit einer Burg, etwas schwarzes Plastilin, Holztannenbäume (Fröbel-Zusatzmaterial), eine Spielfigur als „Schwarzer Ritter", Notizblätter und Stifte, pro Kind eine kleine Spielfigur (von einem beliebigen Brettspiel, jede Spielfigur in einer anderen Farbe) 1 Stück Pappe DIN A4.

Ort Im Gruppenraum am Tisch.

Spruch *Siehst du die große Burg dort stehen?*
Von weitem kann man ihre Zinnen sehen.

Hinführung Gemeinsam wird das Bild einer Burg mit gut sichtbaren Zinnen betrachtet. Die Kinder erzählen spontan, was sie über Burgen wissen und werden von der Erzieherin auf die Zinnen aufmerksam gemacht. Das eckige, aneinander gereihte Auf und Ab der Burgzinnen wird von den Kindern abwechselnd mit beiden Händen in die Luft gemalt.

Durchführung Nun wird Bio-Knete verteilt. Wichtig ist, dass jedes Kind eine andere Farbe erhält. Daraus wird eine etwa 20 cm lange Schlange gerollt, aus der in einem Stück Burgzinnen gelegt werden. Aus einem anderen Stück Bio-Knete wird ein großes Rechteck modelliert: der Burgturm. Der Turm wird auf die Pappe gelegt, und auf dem Turm wird ein Teil der Zinnen angebracht. Dann wird er noch mit Fenstern oder Schießscharten geschmückt und die Kinder bekommen Zeit, die Burg weiter auszugestalten, etwa mit einer Zugbrücke usw. Schließlich rollt jedes Kind etwa 20 Kugeln aus Bio-Knete mit etwa 2 Zentimeter Durchmesser, die anschließend zu Plättchen flach gedrückt werden.

Eine große Kugel (etwa 10 bis 15 cm groß) wird in der Tischmitte flach gedrückt. Die Holzbäume werden darauf gestellt und der „Schwarze Ritter" findet dort ebenfalls seinen Platz.

Dann werden die Burgen am Rand ringsum auf dem Tisch platziert. Von jeder Burg zum Wald wird der Weg mit den 20 Bio-Knete-Plättchen gelegt.

Jedes Kind erhält in der Farbe seiner Burg eine Spielfigur. Diese Spielfigur stellt es auf eine beliebige Burg, aber nicht auf die eigene.

Aus schwarzem Plastilin werden nun kleine Kügelchen geformt und in jeden Weg zwischen Schloss und Wald 3 schwarze Kügelchen in 3 der 20 Plättchen gedrückt. Die Verteilung der Kügelchen auf den Wegplättchen ist beliebig, doch müssen immer mindestens 2 freie Wegplättchen zwischen den schwarzen Kügelchen liegen.

Spielverlauf Sind die Vorbereitungen abgeschlossen, wird im Uhrzeigersinn gewürfelt. Beginnen darf das jüngste Kind im Kreis. Je nach gewürfelter Zahl darf es nun von der fremden Burg in Richtung Wald auf den Plättchen ziehen. Erreicht es auf dem Weg von der Burg in den Wald ein schwarzes Feld, muss das Kind mit seiner Spielfigur den Schwarzen Ritter bitten, weiterziehen zu dürfen. Der Erzieher spielt die Rolle des Schwarzen Ritters und hat so die Spielleitung und Übersicht. Je nach Alter und Geschicklichkeit des Kindes muss es nun einfache Formen, etwa die Zinnen der Ritterburg, auf einen Zettel malen. Hat das Kind diese kleine Aufgabe erfüllt, darf es bei der nächsten Runde wieder würfeln.

Hat die Spielfigur eines Kindes den Wald erreicht, so muss es eine 6 Würfeln, um sich auf den Weg vom Wald zur eigenen Burg machen zu können. Erreicht eine Spielfigur auf dem Weg vom Wald zur eigenen Ritterburg ein schwarzes Feld, hält der „Schwarze Ritter" die Spielfigur für eine Spielrunde gefangen, beim zweiten schwarzen Feld für zwei Spielrunden, und beim dritten schwarzen Feld muss die Spielfigur zurück in den Wald. Gewonnen hat der Ritter, der zuerst seine Burg erreicht hat.

Schluss Gespielt wird so lange, bis alle Ritter ihre Burg erreicht haben. In der Burg angekommen, setzt sich jeder Ritter hin und schreibt seinem Freund einen Brief, dass er gut nach Hause gekommen ist. Der Brief ist in Geheimschrift geschrieben, die nur aus Zinnen besteht.

1.8 Der Kleister

Arbeitsmaterial Kleister ist ein wasserlöslicher Klebstoff aus Stärkemehl. Mit Wasser verrührt, lässt sich Kleister auf große Flächen auftragen und schafft nach dem Trocknen eine Klebeverbindung zwischen den Werkstoffen. In unserem Fall handelt es sich um industriell hergestellten Tapetenkleister.

Schon das Anrühren von Kleister ist für Kinder immer wieder eine interessante Erfahrung: wie aus dem Wasser-Pulvergemisch diese puddingartige Masse wird. Wird noch etwas Farbe in die Masse gegeben, macht es den Kindern erst recht Freude, alles miteinander zu verrühren. Im Kindergarten gibt es viele Möglichkeiten, mit Kleister zu arbeiten. Die häufigsten sind Kleisterbilder und Papiermaschee. Doch Kleister kann auch einfach nur zum Kleben verwendet werden. Verblüffend ist für Kinder auch, wenn man ihnen zeigt, dass man auch mit einer gekochten Kartoffel kleben kann. Dazu wird ein Blatt Papier mit der Kartoffelstärke bestrichen, und schon kann ein zweites Blatt oder es können Papierschnipsel aufgeklebt werden. Kartoffeln sind sehr stärkehaltig, und Stärkemehl ist ja der Grundstoff des Kleisters.

Themen A. Die Sonne
B. Die Stadt
C. Die Blumen

Grundmaterial Kleister, angerührt mit verschiedenen Farben, Zeichenpapier oder Zeichenkarton, Behälter für den Kleister, alte Lappen zum Händereinigen, Unterlage für den Tisch.

A. Die Sonne

Vermittelte Form	Die Sonne als Kreis mit rundum angeordneten, gleich langen Strichen als Strahlen.

Zusätzliches Material Pro Kind ein DIN-A2-Bogen Tonpapier (hellgelb), Klebestreifen, ein Malhemd, Goldglitzer.

Ort Im Gruppenraum am Tisch oder im Garten am Tisch.

Spruch *Liebe Sonne, schein in mein Fenster rein.*

Hinführung Rätsel: Wer ist das?
Sie gehen durch den Bach und werden nicht nass.
Sie gehen in die Erde und werden nicht schmutzig.
Sie sind am Himmel und kommen zur Erde.
Sie wärmen alles auf unserer Erde und lassen es wachsen.
(Lösung: Die Sonnenstrahlen)

Durchführung Jedes Kind hat eine klare Vorstellung, wenn es heißt: Wir malen nun ein Bild, auf dem nur die Sonne mit ihren vielen Strahlen zu sehen ist.

Nacheinander greifen die Kinder in die Kleisterschüssel und nehmen sich eine Handvoll dickflüssig angerührten Kleister, der mit Flüssigfarbe oder Farbpulver sonnengelb gefärbt wurde. Der Kleister wird mit beiden Händen im Stehen auf dem ganzen Blatt verteilt, das mit Klebestreifen auf dem Tisch fixiert wurde. Das soll in kreisförmigen Bewegungen geschehen, damit die Kinder sich schon auf die folgende Bewegung einstellen. Zuerst wird der Kleister großzügig mit beiden Händen verteilt, anschließend wird nur mit dem Zeigefinger der rechten bzw. linken Hand gearbeitet. Ist das ganze Blatt mit einer dünnen Kleisterschicht überzogen, lernen die Kinder den Spruch und

ziehen dazu eine Kreisspur in der Blattmitte. Immer wieder wird die
Kreisspur nachgefahren, bis ein großer, breiter Kreis entstanden ist,
der die Sonne darstellt. Begleitet wird die Bewegung vom Spruch, der
auch beim Ziehen der geraden Sonnenstrahlen wiederholt wird.

Schluss   Auf die fertig gemalten Sonnen kann etwas Goldglitzer gestreut werden. Dann werden die Bilder zum Trocknen weggeräumt und die
Tische vom Kleister gereinigt. Am nächsten Tag kann mit den Son-
nenbildern der Gruppenraum oder der Flur dekoriert werden, oder
sie werden mit nach Hause genommen.

B. Die Stadt

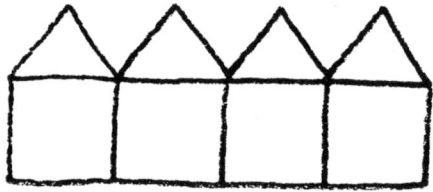

Vermittelte Form   Die Hausdächer als Zickzack-Spuren aus Auf- und Ab-Bewegungen.

Zusätzliches   Pro Kind ein DIN-A2-Tonpapier, z. B. in Grau, Klebestreifen, ein Mal-
Material   hemd.

Ort   Im Gruppenraum am Tisch oder im Garten am Tisch.

Spruch   Ich kenne eine Stadt,
die viele Häuser hat.

Hinführung   Ein Gespräch über die Stadt mit ihren vielen verschiedenen Häusern
und der großen Anzahl Dächer wird geführt. Eventuell ein Bild von
vielen Hausdächern zeigen, z. B. ein Blick vom Kirchturm.

Durchführung In der Stadt stehen die Häuser dicht nebeneinander, Haus an Haus, Dach an Dach. Alle malen gemeinsam eine Dachreihe in die Luft, erst mit der einen, dann mit der anderen Hand. Dazu wird der Spruch aufgesagt. Bei jedem Wort oder bei jeder Silbe wird ein Auf- oder Abstrich gemalt. Der mit Flüssigfarbe oder Farbpulver rot gefärbte Kleister wird auf dem Papier verteilt. Es bietet sich wieder an, den Kleister kreisförmig mit beiden Händen aufzutragen. Der Spruch wird gesagt und die erste Dachreihe in den Kleister gemalt. Anschließend werden die Hausmauern passend zu den Dächern darunter gemalt. Es folgen die nächsten Häuserreihen, bis das Blatt vollgemalt ist.

Schluss Die Häuser können nun nach Belieben der Kinder ausgeschmückt werden: Fenster, Türen, Kamine usw. Anschließend wird gemeinsam aufgeräumt.

C. Die Blumen

Vermittelte Form Kreis mit Strichen, Kreis mit Tropfen, Kreis mit Bögen, Schlingenkreis.

Zusätzliches Material Pro Kind ein DIN-A2-Bogen Regenbogen-Tonpapier, Klebestreifen, ein Malhemd.

Ort Im Gruppenraum am Tisch oder im Garten am Tisch.

Spruch *Blumen bunt und wunderschön*
könnt ihr auf meiner Wiese sehn.

Hinführung Im Kreis werden verschiedene Blumen betrachtet. Wie sehen die Blütenblätter aus? Duften die Blumen? Wie fühlen sie sich an.

Durchführung Gemeinsam wird noch einmal überlegt, welche Blumen es gibt. Die Kinder sollen erklären, welche Blumen sie kennen, wie sie aussehen, wo sie wachsen. Es gibt spitze Blätter, tropfenförmige Blätter, runde Blätter usw. Jedes Kind malt nun mit den anderen gemeinsam eine Blume in die Luft und sagt den Spruch. Anschließend malt ein Kind eine Blütenform in die Luft und die anderen sollen die Form erkennen.

Der hell eingefärbte Kleister wird auf das Papier aufgetragen, wieder mit beiden Händen. Nun kann jeder Blumen mit den Blütenformen malen, die ihm gefallen. Was nicht gefällt, kann durch Darüberwischen wieder ausgelöscht werden. Die Erzieherin geht reihum und regt die Kinder an, Blumen mit den verschiedensten Blütenblättern zu gestalten. Die bekannten Formen können dabei wiederholt werden: Striche, Schlingenkreis, Kugeln, Tropfen, Ei-Oval usw. Die Formen können zu Beginn abwechselnd mit beiden Händen gezeichnet werden.

Zu Anfang wird noch darauf geachtet, dass die Kinder beim Zeichnen den Spruch aufsagen. Später wird er häufig vergessen, weil die Kinder sich auf ihr Motiv konzentrieren.

Sind die Tonpapierbögen ganz mit Blumen übersät, ist die Blumenwiese fertig.

Schluss Die Kinder zeigen sich gegenseitig ihre Kunstwerke und räumen anschließend gemeinsam auf.

1.9 Seil, Schnur und Draht

Arbeitsmaterial Draht kann auch aus vielen Metallen gewonnen werden. Dabei wird beispielsweise Stahl oder Kupfer erhitzt und zu langen, dünnen Drahtfäden gezogen. Für das folgende Angebot benötigen wir Kupferdraht.

Das Seil ist aus Hanf oder aus anderen widerstandsfähigen Fasern gedreht. Das Hüpfseil oder das Tau kennen die meisten Kinder vom Turnen.

Die Schnur oder Kordel ist viel dünner als ein Seil und meist aus Baumwolle. Wie ein Seil besteht auch eine Schnur aus vielen dünnen Pflanzenfasern. Jeder kennt die Kordel oder Schnur, etwa die Anorakkordeln im Saum und in der Kapuze oder die Paketschnur.

Seile und Schnüre werden heute auch aus Kunstfasern gefertigt, doch für die folgenden Spiele eignet sich die Naturfaser besser.

Themen A. Formen finden mit dem Seil
B. Ein Schnur-Tastspiel
C. Geschicklichkeitsspiele aus Draht

A. Formen finden mit dem Seil

Vermittelte Form Alle bekannten Formen.

Material Ein Hüpfseil, dicke Filz- oder Wachsstifte, eine alte Tapetenrolle, Klebestreifen, Schere, ein Esslöffel und eine Holzkugel, die mit dem Löffel balanciert werden kann.

Ort Ideal wäre ein großer Raum oder eine Turnhalle, bei guter Witterung kann das Angebot auch im Freien stattfinden.

Hinführung   Jedes Kind bekommt ein Seil und die Aufgabe, das Seil in eine bestimmte Form auf den Boden zu legen. Wenn die Form gelegt wurde, geht jedes Kind Fuß vor Fuß auf dem Seil entlang. Bei der Aufforderung zum Wechseln tauschen die Kinder ihre Plätze und gehen über die Seilform eines anderen Kindes. Haben alle Kinder die Seilformen der anderen erfahren, geht jeder zu seinem Seil und legt es zusammen. Wer kann sich noch an die Formen erinnern, die er gelaufen ist?

Die Bezeichnungen der Formen werden wiederholt und vertieft. Wer kann die Form gehen ohne Seil?

Durchführung Gemeinsam werden nun verschiedene Formenbegriffe gesammelt: Kreis, Quadrat, Dreieck, Schnecke, Spirale, Tropfen, Fisch, Wellenlinie, Zickzacklinie, Burgzinnen, Schlingen, Bögen, Striche.

Jedes Kind, das einen Begriff nennt, malt die entsprechende Form in die Luft. Danach malen alle Kinder die Form nach. Anschließend legt jeder mit seinem Seil die Form.

Die neue Aufgabe ist schwerer. Es gilt nun, neue, noch nicht da gewesene Formen zu finden. Die Formen werden gemeinsam betrachtet, benannt und in die Luft gemalt.

Alle Seile werden zusammengeknotet und eine große, vorher abgesprochene Form gelegt, z. B. Wellen- oder Zickzacklinie. Ein Kind nach dem anderen geht dann über die lange Seilspur.

Nun bekommt jedes Kind einen Löffel mit einer Holzkugel in die Hand, so wie beim Eierlaufen. Jeder geht noch einmal auf dem Seil die Spur, wobei die Kugel nicht vom Löffel fallen darf.

Schluss Eine alte Tapetenrolle mit Klebestreifen wird auf dem Boden befestigt. Jedes Kind bekommt ein Stück Platz, um alle Formen, an die es sich erinnern kann, mit einem Stift aufzumalen. Die Tapetenbahn wird anschließend aufgehängt und betrachtet.

B. Ein Schnur-Tastspiel

Vermittelte Form Alle bekannten Formen.

Material Klebstoff, Schere, eine Augenbinde, ein großes Blatt Papier, Bleistifte oder Wachsmalstifte, eine Schachtel, pro Kind 2 Karten aus Pappe (Format 10 × 10 cm), pro Karte etwa 20 cm Schnur.

Ort Im Raum am Tisch.

Hinführung Dieses Tastspiel funktioniert ähnlich wie das vorangegangene Spiel „Formen finden mit dem Seil". Der Unterschied liegt aber darin, dass es nun um kleinere Formen geht, die nicht mit dem dicken Seil, sondern mit einer dünneren Schnur gestaltet werden.

Durchführung Jedes Kind bekommt ein Stück Schnur und legt damit verschiedene Formen auf den Tisch. Dann malt jeder 2 Formenvorschläge auf ein großes Blatt Papier und stellt sie den anderen Kindern vor.

Sind die Formen von der Kindergruppe begutachtet und angenommen, malt jeder um seine beiden Formen ein Quadrat in einer Farbe. Wichtig dabei ist, dass die Formen sich möglichst nicht wiederholen. Die verabredeten Formen werden nun von jedem Kind mit einem Bleistift oder Wachsmalstift auf seine zwei Karten gemalt. Dann wird die Form mit Klebstoff nachgefahren und die Schnur wird darauf gelegt. Etwas festdrücken und warten, bis der Klebstoff getrocknet ist – fertig sind die Karten fürs Tastspiel.

Spielanleitung Sind alle Karten fertig, werden sie nebeneinander auf den Tisch gelegt. Einem Kind werden die Augen verbunden. Dann werden die Karten neu auf dem Tisch verteilt, und das Kind muss nun eine Karte nach der anderen befühlen und die Form benennen. Es darf so lange raten, bis es einen Fehler gemacht hat, dann kommt das nächste Kind an die Reihe. Kann ein Kind die Form nicht benennen, darf es sie mit großen Bewegungen in die Luft malen, und die anderen Kinder dürfen ein bisschen helfen.

Schluss Gewonnen hat, wer die meisten Karten richtig erkannt hat. Das Spiel wird in eine Schachtel geräumt und die Kinder überlegen, an welchem Platz das Spiel aufbewahrt werden soll.

C. Geschicklichkeitsspiele mit Draht

Vermittelte Form   Die Fischform, die liegende Acht und die Spirale.

Material   1 Packung Popcorn, pro Kind 3 Kupferdrähte von etwa 50 cm Länge, 1 Ringschraube und ein Weinkorken.

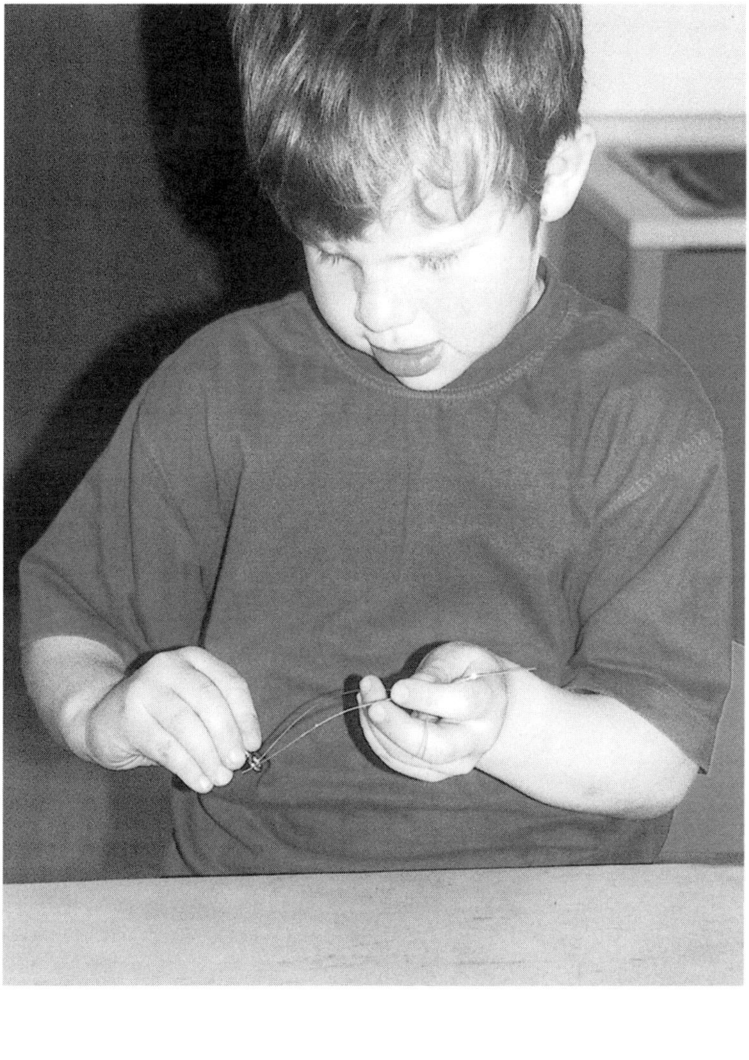

Ort Im Gruppenraum im Stuhlkreis.

Hinführung Die drei Formen Spirale, Fisch und liegende Acht werden besprochen, anschließend gehen alle Kinder die Form aus der Vorstellung am Boden nach. Um die Form mit den Armen zu erfassen, machen die Kinder eine Partnerübung: Zu zweit stehen sie sich gegenüber, legen die Handflächen gegeneinander und malen die Formen in die Luft, zuerst mit der einen, dann mit der anderen Hand.

Durchführung Jedes Kind bekommt drei Stücke Draht. Das erste Stück biegt es zu einer Spirale, das zweite zu einem Fisch, mit dem dritten wird eine Acht gebogen.

Nun dreht jedes Kind seine Ringschraube in den Korken. Dann wird jede der drei Formen durch die Ringschraube geführt. Beginnend an einem Drahtende wird der Draht in den Ring gesteckt und die Rundungen werden nachgefahren bis zum anderen Ende des Drahts.

Alle Kinder legen ihre Formen, bis auf den Fisch, unter ihren Stuhl. Alle Kinder stellen jetzt Prüfer dar, die Ringschraube mit dem Korken ist die Prüfmaschine. Jeder Fisch muss von allen Prüfern mit ihrer Prüfmaschine geprüft werden. Beim Kommando „Maschine an" beginnt jeder so schnell er kann, die Fischform mit der Ringschraube nachzufahren und an das rechts sitzende Kind weiterzugeben. Die Fische werden einmal im Kreis herumgegeben. Hat jeder seinen Fisch wieder, macht die Maschine eine Pause.

Ist der Durchgang beendet, wird die Maschine gewartet. Die Arme werden ausgeschüttelt und mit großen Bewegungen kreisen gelassen. Jedes Teil wird frisch geölt (jedes Kind erhält ein Popcorn), und schon beginnt die neue Runde mit der nächsten Form.

Schluss Zum Schluss wird die Maschine für ihre gute Arbeit gelobt und ordentlich geölt. (Jedes der Kinder darf sich eine Handvoll Popcorn nehmen.) Jedes Kind kann seine Formen mit nach Hause nehmen und dort die Übung wiederholen. Wer möchte, führt beim nächsten Mal vor, wie schnell er geworden ist.

2 Spiele mit Mengen, Formen und Zahlen

Kinder kommen immer wieder mit mathematischen Begriffen in Verbindung, besonders diejenigen, die viele Tisch- und Bewegungsspiele durchführen. Dabei wird gezählt, gewürfelt und entsprechend gehandelt. Aber wissen wir, über welche mathematischen Grundlagen jedes einzelne Kind verfügt? Kann Jessica schon sicher ein Rechteck benennen, und kann Matthias schon bis 20 zählen? Hauptanliegen dieses Kapitels ist, den Kindern spielerisch die Grundlagen der Mathematik zu vermitteln. Doch dieses Kapitel befasst sich auch mit dem Gemeinschaftsgefühl der Kinder. Gemeinsam werden Spiele vorbereitet und gespielt. Wie schon im 1. Kapitel „Bewegungs- und Gestaltungsspiele" beschrieben, soll jedes Angebot das Kind in seiner Gesamtheit ansprechen und nicht nur eine Übung zum mathematischen Verstehen auf engem Raum und in kürzester Zeit sein. Die Angebote geben den Kindern die Möglichkeit, auf vielfältige Arten Spiele zu gestalten und Spielregeln kennen zu lernen. Später können sie selbstständig Spiele verändern oder neue Spielideen entwickeln. Die verschiedenen Vorschläge enthalten Angebote aus den Bereichen: Soziales Miteinander – Bewegung – Sprache – Gestaltung – Wissen. Ideal ist, wenn die Angebote für die Kinder so ansprechend sind, dass sie es im Freispiel noch einmal aufgreifen und die neu erworbenen

Fähigkeiten selbstständig vertiefen. Das wechselnde Materialangebot, die unterschiedlichen Bereiche und die vielen Spielideen sollen dem Kind mit Freude und Motivation den mathematischen Bereich näher bringen. Die Angebote bauen aufeinander auf. Am Anfang stehen Spiele und eine Geschichte mit unbestimmten Mengen, anschließend folgen die Themen viel – wenig, mehr – weniger, Zählspiele, verschiedene Formen und Körper, der Würfel und die Würfelsymbole, das Umsetzen von Würfelsymbolen in Zahlen, Zahlen, die Form erfassen, sie wieder erkennen und richtig benennen, das Zahlenschreiben und -stempeln.

Das Angebot soll eingebunden werden in den Alltag der Kinder mit allem, was sonst noch in einer Gruppe stattfindet unter dem Motto: spielen, erleben und lernen!

2.1 Spiele mit Naturmaterialien

Zu Beginn des Kindergartenjahres ist Erntezeit. Schon bald, nachdem sich die Kinder in die Kindergarten-Umgebung wieder eingelebt haben, können bei einem Spaziergang gemeinsam Wildfrüchte und bunte Blätter gesammelt werden.

Die vier folgenden Spiel-Aktionen können beliebig untereinander ausgetauscht werden. Sie beschäftigen sich alle mit dem gleichen Thema, der unbestimmten Menge.

Wie Bio-Knete hergestellt werden kann, erfahren Sie auf Seite 52 im Kapitel 1.7.

Thema   Die unbestimmte Menge.

A. Herbstlaub
B. Die Kastaniendiebe
C. Der Schatz im Berg
D. Die Igelstacheln und der Laubhaufen

Grundmaterial   Laub und Kastanien, eventuell Haselnüsse, Eicheln oder andere Naturmaterialien.

A. Herbstlaub

Ganz einfach mit vielen Blättern, aus denen sich ein großer Laubhaufen bilden lässt, lernen die Kinder den mathematischen Grundbegriff der unbestimmten Menge kennen.

Material   Für das beschriebene Spiel wird neben einem großem Sack mit Herbstlaub eine Zauberschnur, 2 Stühle und eine Stopp- oder Sanduhr benötigt.

Ort   Im Gruppen- oder Turnraum.

Hinführung Die Kinder sitzen im Kreis auf dem Boden. In der Mitte des Kreises liegt der Sack mit dem Laub. Die Kinder, die nicht am Laubsammeln beteiligt waren, können versuchen zu erraten, was sich in dem Sack befindet. Dazu setzen sie nacheinander verschiedene Sinne ein:

- Hören: Welche Geräusche entstehen, wenn der Sack geschüttelt wird?
- Riechen: Welcher Duft geht von dem Sack aus?
- Spüren: Wie schwer ist der Sack? Lässt sich der Inhalt von außen ertasten?

Durchführung Das Ergebnis der Sinneswahrnehmungen wird visuell geprüft; der Sack wird geöffnet und das Laub wird betrachtet. Jedes Kind darf etwas Laub aus dem Sack nehmen und neben den Sack legen. Das wird so oft wiederholt, bis der ganze Sack leer ist.

Gemeinsam wird nun eine Bezeichnung für die Laubmenge gesucht: viel, ganz viel, Hunderte, Tausende, eine Million, eine Milliarde, wir wissen nicht, wie viele Blätter. Gemeinsam kommen die Kinder, eventuell mit Hilfe der Erzieherin, zu dem Ergebnis, dass sich auf dem Laubhaufen eine unbestimmte Anzahl bzw. eine unbestimmte Menge Blätter befindet.

Danach werden die Blätter sortiert nach unterschiedlichen Baumarten: Eichenblätter, Ahornblätter, Buchenblätter usw. Die Blattgruppen werden eingehend betrachtet, beschrieben und anschließend wieder gut gemischt.

Der Laubhaufen wird nun in zwei gleich große Häufen aufgeteilt. Dann werden die Kinder in zwei Mannschaften eingeteilt. Jede Mannschaft stellt sich hinter einen Laubhaufen. Dazwischen wird eine Zauberschnur gespannt, die an den Lehnen von zwei Stühlen befestigt wird. Auf ein Signal hin beginnt das Spiel: Jede Mannschaft versucht, so viele Blätter wie möglich auf die andere Seite zu werfen und das eigene Spielfeld möglichst frei von Laub zu bekommen.

Ist der Sand in der Sanduhr durchgerieselt oder eine festgelegte Zeit überschritten, wird die Spielrunde von der Erzieherin mit einem Pfiff oder Klatschen beendet.

Schluss Gewonnen hat die Gruppe, auf deren Seite die wenigsten Blätter liegen. Zwei Laubhäufen werden aus den Blättern des jeweiligen Spielfeldes gebildet. Welcher Haufen ist größer? In welchem Haufen befindet sich die kleinere Menge Blätter?

In der nächsten Spielrunde werden zwei Kinder bestimmt, die statt der Erzieherin die Spielleitung übernehmen und die Sanduhr bedienen und beobachten.

B. Die Kastaniendiebe

Geheimnisvoll beginnt die Aktion, für die Kastanien, eine Wanne oder eine Muschel aus Plastik, groß genug, dass sich ein Kind hineinlegen kann, und ein Tuch benötigt wird. Was ist unter dem Tuch, und was kann man damit machen?

Material Eine große Menge Kastanien, eine Plastikmuschel oder -wanne, ein Tuch, eine Augenbinde und einen Kassettenrekorder mit Meditationsmusik.

Ort Im Gruppen- oder Turnraum.

Hinführung Alle Kinder sitzen im Kreis um die zugedeckte Plastikwanne herum, die mindestens zur Hälfte mit Kastanien gefüllt ist. Es darf spekuliert werden: Was ist das? Wer möchte mal fühlen? Nicht mit den Händen, sondern mit dem Körper. Wer traut sich und legt sich hinein?

Durchführung Das erste Kind legt sich auf das Tuch in die Wanne mit Kastanien und beschreibt, was es spürt, ob es sich angenehm anfühlt oder nicht. Ein Kind nach dem anderen probiert das geheimnisvolle Kastanienbad aus. Erfahrungen werden ausgetauscht und schließlich wird das Geheimnis gelüftet: Das Tuch wird gemeinsam weggenommen.

Wer wagt es, sich mit verbundenen Augen ins Kastanienbad zu legen?

Die Spielregel wird erklärt:

Ein Kind liegt mit verbundenen Augen im Kastanienbad und horcht auf die Musik. Die anderen Kinder sind Kastaniendiebe und nehmen vorsichtig Kastanien aus der Badewanne heraus. Wenn das „badende" Kind dabei von einem Kastaniendieb berührt wird, muss es laut sagen, wo es berührt worden bist. Daraufhin werden die Rollen zwischen dem Kastaniendieb und dem Kind im Kastanienbad getauscht und das Spiel geht weiter.

Im weiteren Verlauf kann das Spiel erschwert werden: Alle müssen ganz leise sein, und schon wenn das Kind in der Wanne etwas hört und zeigen kann, von wo das Geräusch kam, wird gewechselt.

Schluss Das Spielende ist erreicht, wenn alle Kastanien bis auf die, auf denen das Kind liegt, aus der Wanne gestohlen wurden.

Finden die Kinder eine neue, eigene Spielregel?

C. Der Schatz im Berg

Nicht nur die Beobachtungsgabe und die Fähigkeit, Dinge richtig zu erkennen und zu benennen, werden bei dem folgenden Angebot geübt, sondern auch die Finger bekommen eine besondere Aufgabe: Sie machen Gymnastik, sie kneten einen riesigen Teigberg. Nicht nur die Verbesserung der Feinmotorik, auch die Hand-Augen-Koordination wird hier gefördert.

Material Bio-Knete, Kastanien oder Haselnüsse, 5 Überraschungsei-Hülsen mit je 3 bis 5 Knöpfen oder Plättchen, ein Stoffsäckchen.

Ort Im Gruppenraum oder in der Küche.

Vorbereitung Wir stellen gemeinsam die Bio-Knete her: Die Kinder geben Öl, Wasser, Alaunpulver und die Lebensmittelfarbe in einen Topf. Die Flüssigkeit wird zum Kochen gebracht. In einer Schüssel mischen sie das Mehl mit dem Salz. Dann wird die heiße Flüssigkeit vorsichtig in das Mehl-Salz-Gemisch geschüttet und langsam mit einem Kochlöffel verrührt. Nachdem sich die Flüssigkeit mit dem Mehl und Salz gemischt hat, lässt man die Masse etwas abkühlen, sodass hineingefasst werden kann. Jetzt beginnt die anstrengendste Arbeit, nämlich aus der Masse einen homogenen Teig zu kneten. Die Erzieherin leistet etwas Vorarbeit, danach bekommt jedes Kind einen Teigklumpen zum Durchkneten. Die noch sehr warme Masse ist eine ideale Grundlage für die Fingergymnastik, denn Teigkneten erfordert Geschicklichkeit und Kraft.

Durchführung Die Begriffe „Haufen", „Klumpen" und „Berg" werden geklärt. Bei diesen Begriffen kann sich niemand genau vorstellen, wie viel Masse das ist.

Weitere Begriffe werden gesammelt, die die drei Bezeichnungen beinhalten: Laubhaufen, Kastanienhaufen, Hundehaufen, Erdhaufen, Dreckklumpen, Lehmklumpen, Goldklumpen, Schneeberg, Sandberg, Wäscheberg usw.

Aus den Teigklumpen aller Kinder modellieren wir einen großen

Knete-Berg. In dem Berg werden 15 bis 20 Kastanien oder Haselnüsse als Schätze versteckt und die Löcher wieder gut verschlossen.

Wer als Letzter noch den Berg bearbeitet hat, darf als Erster aus dem Stoffsäckchen eine Überraschungsei-Hülse nehmen, sie öffnen und (eventuell noch mit Hilfe der Erzieherin) die Plättchen zählen. Dann darf das Kind so oft ein Stückchen Bioknete vom Berg zupfen, wie Plättchen bzw. Knöpfe in der Hülse waren. Stößt es dabei auf eine Kastanie oder Nuss, darf es sie nehmen.

Möchte ein Kind noch ganz ohne Zählen arbeiten, legt es ein Plättchen zurück, zupft ein Stück vom Berg ab, legt wieder ein Plättchen zurück usw.

Dann wird die Hülse wieder verschlossen, ins Säckchen zurückgelegt und das nächste Kind ist an der Reihe.

Schluss Ist der ganze Schatz aus dem Knete-Berg gehoben, wird verglichen, wer wie viele Kastanien oder Nüsse hat. Der Nussschatz kann gegessen werden.

Abschließend können die Kinder gemeinsam etwas Großes aus dem Material bauen: ein Königsschloss, eine Murmelbahn oder etwas Ähnliches.

D. Geschichte: Der Igel und der Laubhaufen

Ein junger Igel geht im Herbstsonnenschein spazieren. Wollt Ihr mehr von ihm wissen?

Der Igel heißt Hugo und ist bei den Igeln das, was Menschen einen „richtigen Lausbub" nennen würden. Hugo ist heute schon weit gelaufen. Gleich nach einem guten Schneckenfrühstück hat er sich auf den Weg gemacht. Nun ist es schon Nachmittag, und er läuft immer noch durch den großen Park, in dem er bei den alten Buchen in der nahen Hecke mit Igelvater, Igelmutter und seinen Geschwistern wohnt. Von allen Igeln, die er kennt, hat er das schönste und dichteste Stachelfell, und darauf ist Hugo besonders stolz. Bei Igeln bedeutet das ja, wer das schönste Fell hat, ist natürlich auch der schönste Igel von allen.

Hugo träumt gerade so vor sich hin und denkt an den letzten Wettlauf mit seinen Geschwistern, als er plötzlich vor einem riesengroßen Laubhaufen steht und nicht mehr weiterkommt. Er versucht, links um ihn herumzugehen, dann versucht er es rechts, aber der Laubhaufen hört weder links noch rechts irgendwann auf. Hugo versucht, auf den Laubhaufen zu klettern. Doch er kommt nicht weit und versinkt im Laub. Er schimpft so laut und böse, wie ein Igel nur schimpfen kann: „Du gemeiner, langweiliger, unsinniger Laubhaufen du!"

Hugo erschrickt fürchterlich, als er ein tiefes Gelächter aus dem Laubhaufen hört: „Oh, wie das kitzelt! Wer besucht mich denn da?", brummt eine Stimme. „Besuchen?", antwortet Hugo. „Ich will ja gar nicht zu dir und besuchen will ich dich schon überhaupt nicht!" „Und warum kletterst du dann auf mir herum und kitzelst mich mit deinen Stacheln?", fragt der Laubhaufen. „Ich wollte nur an dir vorbei. Das geht aber nicht so leicht. Und kitzeln will ich dich mit meinen schönen Stacheln auch nicht. Du musst nämlich wissen: Ich bin der allerschönste Igel von meiner ganzen Igelfamilie. Mein Stachelkleid hat unzählige Stacheln. Nun mach Platz und lass mich durch!" „Ha, ha, ha", lachte der Laubhaufen. „Das kann nur ein richtiger Sturm schaffen, dass ich ein Stück zur Seite gehe. Aber nicht so ein kleiner, niedlicher Igel, wie du einer bist."

Das ist zuviel für Hugo. Er bläst seine Backen auf und pustet, so fest er kann. Ein paar Birkenblättchen tanzen lustig im Luftstrom. „Mach das noch einmal!", ruft der alte Laubhaufen vergnügt. „Das gefällt mir sehr gut, wenn ein warmes Lüftchen über mich hinwegweht und ein paar Blättchen auf mir tanzen." Doch Hugo ist ganz erschöpft vom Pusten. „Dem werde ich zeigen, was für ein toller Kerl ich bin", denkt er und überlegt schnell, was er wohl sagen kann. „Ich lass mich von dir nicht ärgern. Außerdem wärst du fast weggeflogen! Du mit deinen paar Blättchen!"

Das gefällt dem Laubhaufen gar nicht. „Na, na, du kleiner Dreikäsehoch! Ich bin ein großer Laubhaufen und habe unzählig viele große und kleine Blätter. Ich bin der größte, bunteste und prächtigste Laubhaufen im ganzen Park!", grummelt er. „Na und?", gibt Hugo zurück. „Was ist das schon! Ich möchte mir dir wetten, dass ich mehr Stacheln habe als du Blätter!" Der Laubhaufen lacht: „Das glaube ich nicht. Du bist ja so klein. Ich kann dich mit einem großen Kastanienblatt zudecken, dann sieht dich keiner mehr!"

So streiten sie eine ganze Weile. Dann einigen sich die beiden Streithähne darauf, sich gegenseitig ihre Stacheln und Blätter zu zählen, um endlich zu wissen, wer am meisten hat. „Dazu musst du in mich hineinkriechen", sagt der Laubhaufen. „Da ist es ja dunkel. Da kann ich nichts sehen!", gibt Hugo zu bedenken. „Es geht nicht anders. Du musst jedes Blatt in die Krallen nehmen zum Zählen, damit es auch genau zugeht!" Hugo kriecht also in den warmen, dunklen Laubhaufen und beginnt zu zählen: „Eins – zwei – drei –." Doch weiter kommt er nicht, dann schläft er ein, ganz tief und fest. Er schläft so tief und fest, dass es den ganzen Winter dauert. Wir Menschen nennen das „Winterschlaf".

Der Igelvater, die Igelmuter und die Igelgeschwister finden am nächsten Tag den Laubhaufen im Park und fragen, ob sie in ihm überwintern dürfen. Stolz berichtet der Laubhaufen, dass er schon einen Wintergast habe. Es sei ein junger Igel, der Hugo heißt. „Hugo?", fragt der Igelvater erstaunt. „Ja, Hugo", antwortet der Laubhaufen. „Das ist unser Sohn!", ruft die Mutter glücklich. Sie schauen nach und finden Hugo zu einer Kugel zusammengerollt friedlich schlafend. Bald darauf schläft die ganze Igelfamilie zusammengerollt einen tiefen, langen Winterschlaf. Bevor ihm die Augen zufallen, hört der Igelvater noch, wie der Laubhaufen sagt: „Bleibt nur bei mir! Ich habe gerne Wintergäste."

Der erste Schnee fällt. Unzählige Flocken legen sich auf den Laubhaufen und decken ihn für lange Zeit zu. Noch bevor auch der Laubhaufen einschläft, hat er eine gute Idee.

Schließlich wird es wieder Frühling. „Der Winter war in diesem Jahr besonders lang", hört man die Menschen sagen. „Aber nun wird es Frühling. Der Schnee schmilzt, und die Sonne wird stärker." Einige Tage später erwachen der Laubhaufen und die ganze Igelfamilie aus dem Winterschlaf. Für alle Igel ist es eine große Freude, sich nach dem Winterschlaf wieder zu treffen. So ist es auch bei Hugo und seiner Familie. Der Vater bedankt sich beim Laubhaufen für das warme Winterquartier und verabschiedet sich. Hugo wird ganz verlegen. „Eigentlich ist er nett und freundlich, und ich habe mit ihm gestritten." Der große Laubhaufen scheint Hugos Gedanken lesen zu können und sagt ganz freundlich zu ihm: „Eigentlich ist es ja egal, wer von uns mehr Blätter oder Stacheln hat. Aber ich weiß nun etwas, gegen das sind unsere Blätter und Stacheln eine verschwindend kleine Menge." „Gibt es da noch etwas anderes?", fragt Hugo ganz aufgeregt. „Ja, den Schnee! Der hat unzählig viele Flocken. Und wenn du nächstes Jahr mit deiner Familie zu mir zum Winterschlaf kommst, wecke ich dich kurz auf und zeige dir den Schnee." Darauf freut sich Hugo, und sie verabschieden sich voneinander wie gute, alte Freunde. „Bis zum nächsten Herbst!", ruft Hugo übermütig und startet in ein neues, aufregendes Igeljahr.

Schluss An die Geschichte kann sich ein Gespräch über unbestimmte Mengen anschließen.

2.2 Vergleichen und Bestimmen

In den Spielkisten schlummern viele Dinge, die für Spiele zur Schul-
vorbereitung sehr hilfreich sein können. Bei den folgenden Spielen
benötigen wir Naturmaterial zum Bauen, Legen und Gestalten, Kon-
struktionsmaterial wie Bauklötze, Legosteine usw., einen König vom
Kasperltheater, ein Märchenbuch, Legematerial und eine Waage.

Thema   Das Vergleichen und Bestimmen von Mengen mit den Begriffen „viel
– wenig", „mehr – weniger."
A. Spiele mit der Waage
B. Viel oder wenig
C. Rumpelstilzchen und das Stroh

Grundmaterial   Verschiedene Gegenstände aus den Spielkisten.

A. Spiele mit der Waage

Jeder kennt aus seiner Kinderzeit noch die Frage: Was wiegt mehr:
1 kg Federn oder 1 kg Blei? Da die Federn ein wesentlich größeres
Volumen haben, drängt sich für Kinder die Antwort „Federn" auf.
Das folgende Spiel über Vermutungen und Bestätigungen soll zur
Klarheit für die Kindergruppe führen.

Material   Unterschiedliche Dinge zum Wiegen, etwa Nüsse, Blätter und anderes Naturmaterial (auch Federn und Bleikügelchen aus einem Gardi-
nenband), Tüten, die blickdicht sind, idealerweise eine Waage mit
zwei Waagschalen (Balkenwaage) oder eine andere Waage.

Ort   Im Gruppenraum am Tisch.

Vorbereitung   Die verschiedenen Materialien werden in Tüten verpackt. Bei 8 Kindern ist es gut, wenn 8 bis 16 Tüten vorbereitet sind. Stühle werden
im Kreis aufgestellt, in der Mitte steht ein Korb mit den Tüten. Später
wird am Tisch gearbeitet.

Hinführung Bei den unterschiedlichen Materialien liegt als Einleitung nichts näher, als die Dinge zu ertasten. Jedes Kind nimmt dafür eine Tüte aus dem Korb und befühlt sie ausgiebig. Jedes Kind darf sich später noch ein zweites Tütchen aus dem Korb nehmen, tasten, raten, den Inhalt benennen und es anschließend im Kreis weitergeben. Haben alle ihren Tipp abgegeben, darf jedes Kind das Geheimnis lüften. Alle Materialien sind erkannt und benannt, einige auch erst, nachdem die Kinder sie gesehen haben.

Durchführung Alle Dinge werden nun auf den Tisch gelegt und die Kinder werden angehalten zu vermuten, was leicht oder schwer ist. Zuerst werden Dinge gesucht, die vom spezifischen Gewicht her etwa gleich schwer sind, etwa Steine und Glasnuggets. In jede Waagschale kommt ein Gegenstand, und die Kinder erkennen, was mehr und was weniger wiegt. Später werden Dinge verglichen, die unterschiedlich sind, z. B. Holz und trockenes Laub, Weinkorken und Sand, Kastanie und Bast, Schneckenhäuser und Kieselsteine, Federn und Bleikügelchen.

Bei dem Wiegespiel, das für die Kinder stets interessant ist, finden sie immer neue Möglichkeiten des Vergleichens. Lassen Sie die Kinder so viel wie möglich selbstständig experimentieren. Was sie sich selbst erarbeitet haben, prägt sich viel besser ein als vorgegebene Erkenntnisse.

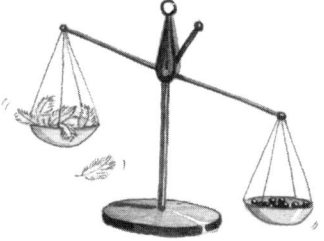

Schluss Zum Schluss malen die Kinder ihre Erfahrungen auf. Das Thema des Bildes lautet: Male eine Waage, bei der beide Schalen gleich schwer sind. In der einen ist Blei und in der zweiten Federn. Oder in der einen sind trockene Blätter und in der anderen ein Stein. Für die schnelle Darstellung von Federn und Blättern geben Sie den Kindern den Tipp, mit einem Stift den Umriss der Menge zu malen und nur 1 Blatt oder 1 Feder einzuzeichnen.

Nach dem Ende des Spiels lassen Sie die Möglichkeit der Wiederholung im Freispiel zu. Stellen Sie die Waage mit dem Material so auf, dass die Kinder mit ihr spielen können.

B. Viel oder wenig?

Um die Begriffe „viel" und „wenig" weiter zu vertiefen und spielerisch auszugestalten, gehen wir in den Turnraum oder bei schönem Wetter nach draußen. Nach diesem Spiel werden die Begriffe um vieles klarer sein.

Material 2 Tabletts, jeweils außen mit einem roten bzw. blauen Punkt versehen, 2 Karten, eine mit einem roten, die andere mit einem blauen Punkt, Material aus der Spielkiste (z. B. kleine Bälle, Legosteine), eine Stoppuhr, Bauklötze, Gymnastikreifen, Kegel, ein paar Stühle, ein Seil.

Ort Im Turnraum oder auf der Wiese.

Einleitung Die Kinder haben die Aufgabe, auf ein Tablett viele und auf das andere Tablett wenige Gegenstände aus der Spielkiste zu legen. Gemeinsam überprüfen sie, ob sie mit dem Ergebnis zufrieden sind.

Dann wird ein Hindernisparcours gebaut. Die Kinder stellen die Stühle und die Kegel auf, legen das Seil aus, bauen Hindernisse mit Bauklötzen usw. Dann wird gemeinsam festgelegt, wie der Parcours zu durchqueren ist: Auf dem Seil balancieren, über einen Stuhl klettern, unter einem anderen Stuhl hindurchkriechen, die Kegel bzw. Bauklötze umrunden etc.

Durchführung Die beiden Karten liegen verdeckt. Das erste Kind darf eine Karte umdrehen und das Tablett, das die gleiche Farbe hat, nehmen. Egal ob es das Tablett mit den vielen oder wenigen Gegenständen ist, jetzt wird es schwierig: Das Kind soll den Hindernisparcours durchqueren, ohne dass etwas herunterfällt. Jedes Kind entscheidet selbst, ob es den Rückweg auch über den Parcours zurücklegt. Die Zeiten für jedes Kind werden mit der Stoppuhr gemessen und aufgeschrieben.

Wenn alle Kinder einmal an der Reihe waren, darf in der nächsten Runde jeder den Hindernisparcours mit dem anderen Tablett durchqueren. Somit hat jedes Kind ein Tablett mit „viel" und eins mit „wenig" Dingen über den Parcours gebracht.

Nun werden die Kinder befragt, wie es ihnen mit den beiden Tabletts ergangen ist, wie schwierig es war, mit den beiden verschiedenen Tabletts den Hindernisparcours zu überwinden.

Schluss   Möchten die Kinder noch etwas anderes probieren?

Der besondere Abschluss dieser Aktion ist die Verleihung der Urkunden. Jeder bekommt feierlich seine Urkunde mit Glückwünschen und unter dem Beifall der anderen überreicht.

C. Rumpelstilzchen und das Stroh

Ein Märchen bildet heute den Einstieg zu dem Beschäftigungsthema: Mit Mengen und Mengenbegriffen umgehen. Es wird mit den Begriffen „wenig" (bzw. „weniger"), „mehr" und „viel" gearbeitet.

Neben dem Einblick, den die Kinder in elementare mathematische Begriffe erhalten, kommt noch ein weiterer Aspekt hinzu: Sie erleben ein Märchen mit allen Förderbereichen, die in einem Märchen stecken. Die Begriffe „wenig", „mehr" und „viel" werden praktisch erarbeitet und somit anschaulich gemacht.

Material   Ein Märchentext „Rumpelstilzchen", eine größere Menge Stroh, 3 Schuhkartons (unterschiedliche Größen, Kinder- und Erwachsenenschuhe bzw. -stiefel), eine Spielfigur König (vom Kasperltheater).

Ort   Im Gruppenraum.
Teil 1: In der Bücher-Ecke.
Teil 2: Am Tisch sitzend oder stehend.

Hinführung   Die Kinder sitzen gemütlich und entspannt in der Bilderbuch-Ecke. Vorbereitungen für das Märchen werden getroffen: Stroh wird auf dem Boden verteilt und eine stimmungsvolle Beleuchtung wird eingeschaltet.

Ohne die Kinder lange raten zu lassen, beginnt die Erzieherin zu erzählen: Ihr hört das Märchen vom vielen Stroh und einer armen Müllerstochter, die eine besonders schwierige Aufgabe zu erfüllen hat. Dann gibt es noch ein Männlein, das im Wald wohnt und der Müllerstochter hilft.

Durchführung   Nachdem das Märchen vorgelesen wurde, wird gemeinsam mit den Kindern noch einmal die Aufgabe der armen Müllerstochter besprochen. Die Begriffe „wenig", „viel" und „mehr" werden dabei herausgearbeitet und vertieft.

Dann stellt die Erzieherin den Kindern den König vor, der den Kindern ein paar Aufgaben stellt. Je nach Anzahl der Schuhkartons dürfen mehrere oder alle Kinder gleichzeitig die Aufgaben des Königs erfüllen.

1. Aufgabe

König: „Stellt euch vor, liebe Untertanen, ich bin der König eines Königreichs, in dem eine arme Müllerstochter lebt, die Stroh zu Gold spinnen kann. Du bist mein Diener. Hilf mir, die eine kleine Kammer herzurichten. Zuerst soll sie nur wenig Stroh zu Gold spinnen."

2. Aufgabe

König: „Oh, wie ich mich freue. Stellt euch vor, sie kann Stroh zu Gold spinnen! Diener, hilf mir bitte noch einmal, eine größere Kammer herzurichten. Ich will wissen, ob sie noch mehr Stroh zu Gold spinnen kann."

3. Aufgabe

Freude herrscht im ganzen Königreich. Sie hat es wieder geschafft. Noch einmal soll sie eine große Kammer mit Stroh zu viel Gold spinnen. König: „Diener, fülle bitte die größte Kammer mit viel Stroh!"

Schluss Die Kinder rekapitulieren das Erlebte noch einmal. Der König fragt sie, ob sie noch wissen, wie viel Gold er hat. Er sei so reich, er habe es total vergessen. Nacheinander werden die Kartons betrachtet und festgestellt, ob sie „viel", „wenig" oder „mehr" Stroh enthalten.

Wenn möglich, sollten die Schachteln mit Stroh den Kindern fürs Freispiel zur Verfügung stellen. Vielleicht wollen sie dann das Erlebte noch einmal vertiefen.

D. Die logische Reihe

Bei diesem Angebot ist logisches Denken, Konzentration, Ausdauer und genaues Erfassen gefragt. Die Begriffe „weniger", „mehr" und „gleich viel" werden gefestigt und vertieft.

Material 10 gleich große Körbchen oder Dessertteller, Spielmaterial, wie z. B. Murmeln, Perlen, Muggelsteine, Holzplättchen, Steine oder Knöpfe, ein Teller oder Korb, der sich von den anderen 10 unterscheidet, Gummibärchen.

Ort Im Gruppen- oder Nebenraum am Tisch.

Hinführung   Das Material wird so auf die Teller bzw. Körbchen verteilt, dass es genauso viele Teller mit „wenigen" wie mit „vielen" Dingen gibt. Es darf keinen Teller mit „gleich vielen" Dingen geben. Die Erzieherin kontrolliert das Ergebnis.

Nun füllt die Erzieherin den besonderen Teller mit einer Menge, die zwischen den bereits gefüllten Tellern liegt. Es gibt daneben also 5 Teller mit weniger und 5 mit mehr Material. Dieser besondere Teller wird im Kreis herumgereicht, und jeder schaut sich die Menge genau an.

Nun sollen alle Kinder der Reihe nach die folgenden Aufgaben erfüllen. Dabei ist es sinnvoll, dass erst eine Aufgabe von allen Kindern bewältigt wird, bevor eine neue gestellt wird.

Durchführung   Der besondere Teller steht in der Mitte des Tisches, sodass er von allen Kindern gut eingesehen werden kann.

1. Aufgabe
Einen Teller suchen, auf dem weniger Dinge als auf dem besonderen Teller sind.

2. Aufgabe
Einen Teller suchen, auf dem mehr Dinge als auf dem besonderen Teller sind.

3. Aufgabe
Je einen Teller mit mehr und mit weniger Dingen suchen und eine Reihe von dem mit den wenigsten zu dem mit den meisten Dingen aufstellen.

4. Aufgabe
Gleiche Aufgabe, nur die Reihenfolgen von mehr nach weniger ist geändert.

5. Aufgabe
Jedes Kind erhält eine andere Aufgabe, z. B. suche alle Teller mit weniger Dingen (Reihe bilden).

6. Aufgabe
Alle Teller in der richtigen Reihenfolge von wenig nach mehr aufstellen.

7. Aufgabe
Von den meisten Dingen zu den wenigsten Dingen.

Wichtig ist, dass die Erzieherin jede erfüllte Aufgabe der Kinder betrachtet, kontrolliert, das Kind auf eventuelle Fehler aufmerksam macht, es den Fehler korrigieren lässt und es anschließend lobt.

Schluss Auf dem Tisch liegen zwei Gummibärchen. Jedes Kind wird gefragt, wie viele es möchte. Weniger, mehr oder gleich viel?
Ein Kind nach dem anderen entscheidet sich:
weniger = 1
gleich viel = 2
mehr = 3
Jedes Kind legt die entsprechende Anzahl Gummibärchen vor sich auf den Tisch und bekommt zum Schluss noch eines zusätzlich.

2.3 Rund ums Zählen

Im Mittelpunkt der folgenden Aktionen steht das Zählen. Zunächst wird das Spielmaterial selbst hergestellt, dann werden mit selbst gezeichneten und gestempelten Mengen Spiele rund um Zahlen gestaltet.

Themen   A. Sonnenstrahlen
B. Finde den richtigen Stuhl
C. Die höchste Zahl gewinnt
D. Einkaufen

Grundmaterial   Papier, Pappe, Stifte, Farbe und Druckstempel mit Tiermotiven.

A. Sonnenstrahlen

Zählen lernen die meisten Kinder schon sehr früh im Elternhaus. Doch stehen die Begriffe oft nicht im Verhältnis zur Menge. Auf die Menge bezogenes Zählen muss daher mit den Kindern bewusst geübt werden. Bei diesem Spiel bezieht sich das Zählen auf den Zahlenraum 1 bis 5. Wir zählen sogar schon mehrmals bis 10, aber das läuft nur als Übung neben dem Angebot her.

Material   Ein Tablett, 8 Karten (I, II, III mit roten Strichen und I, II, III, IIII, IIIII mit grünen Strichen), pro Kind ein Korb mit 10 Bausteinen, ein Gymnastikreifen.

Ort   Im Turnraum, weil für das Spiel viel Platz benötigt wird.

Einleitung Der Reifen liegt in der Mitte des Raumes. Alle Kinder stehen im Kreis um ihn herum. Das erste Kind nimmt 10 Bausteine aus seinem Korb und zählt laut vor. Jedes Kind nimmt der Reihe nach seine 10 Bausteine und zählt ebenfalls laut vor. Die Kinder legen dann ihre Bausteine vom Reifen weg wie Sonnenstrahlen auf den Boden und jeder stellt sich ans Ende seines Sonnenstrahls.

Durchführung Auf dem Tablett liegen verdeckt zuerst nur die 5 Karten mit den grünen Strichen. Die Erzieherin geht herum, und ein Kind, das ein grünes Kleidungsstück trägt, darf die erste Karte umdrehen.

Es zählt die Striche und darf so viele von seinen Sonnenstrahl-Bausteinen wegnehmen, wie Striche auf der Karte sind. Wichtig ist dabei lautes Zählen! Dann wird die Karte wieder verdeckt aufs Tablett gelegt und der Reihe nach dürfen alle Kinder eine Karte umdrehen und gemäß der Strichzahl Bausteine in ihren Korb zurücklegen. Die Erzieherin entscheidet, ob sie bereits beim zweiten oder erst beim dritten Durchgang auch die drei Karten mit den roten Strichen hinzugibt. Zieht ein Kind eine rote Karte, muss es die Anzahl Bausteine zurücklegen, wie rote Striche auf der Karte sind. Wer zuerst alle seine Bausteine aufsammeln konnte und die Kreismitte erreicht hat, übernimmt die Rolle der Erzieherin und das Spiel beginnt von neuem.

Schluss Anstatt das Spiel immer wieder von vorn beginnen zu lassen, wenn das erste Kind den Kreis erreicht hat, wird es beim letzten Mal so lange gespielt, bis alle Kinder ihre Bausteine aufsammeln konnten.

Vielleicht finden die Kinder noch eine andere Spielregel?

B. Finde den richtigen Stuhl

Dieses schnelle Spiel soll die Zählfähigkeit der Kinder festigen. Es wird am besten mit 10 Kinder gespielt, dann ist der Zahlenbereich bis 10 auch in der Mitspieleranzahl abgedeckt. Durch die Zuordnung von Farben wird bei diesem Zählspiel außerdem die Aufmerksamkeit und das Kombinationsvermögen geschult.

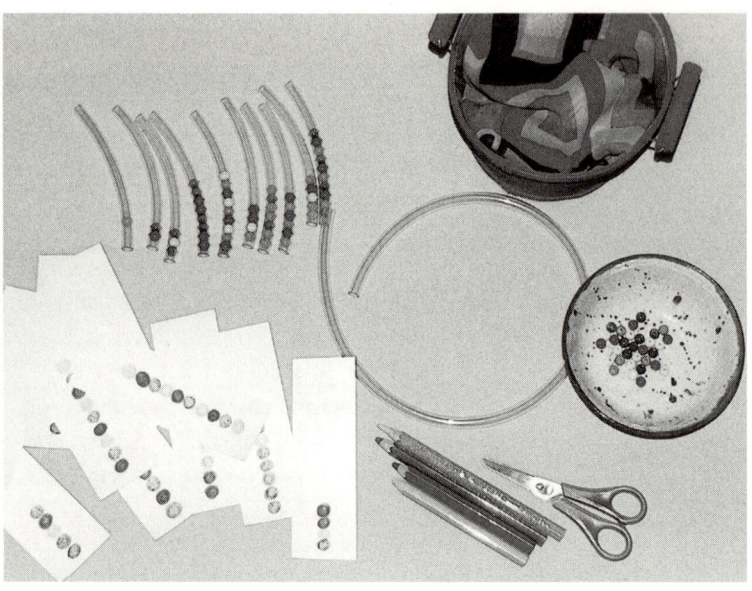

Material Ein etwa 10 cm langer durchsichtiger, dünner Plastikschlauch für jedes Kind, etwas Isolierband, um die Schlauchenden zu verschließen, Glasnuggets, bunte Perlen, die in den Schlauch passen, Buntstifte oder Flüssigfarbe, Pappe, Klebestreifen, eine Schere, ein Korb mit Tuch für die Zahlenschläuche.

Ort Im Stuhlkreis im Gruppenraum oder draußen.

Vorbereitung Ein Ende aller Schlauchstücke wird mit Klebeband verschlossen.

Hinführung Jedes Kind darf eine Zahl zwischen 1 und der Anzahl der mitspielenden Kinder nennen und nimmt sich eine entsprechende Anzahl von Perlen in zwei Farben. Wichtig: Alle Farbkombinationen sollten unterschiedlich sein.

Jedes Kind füllt seine Perlen in sein Schlauchstück, wobei zwischen den beiden Farben abgewechselt, also beispielsweise immer abwechselnd eine rote und grüne Perle eingefüllt wird. Nach dem Füllen wird der Plastikschlauch auch oben verschlossen.

Auf ein Stück Pappe malt nun jedes Kind so viele Kreise, wie es Perlen im Plastikschlauch hat, und malt sie in den entsprechenden Farben an.

Durchführung Die Pappstücke mit den aufgemalten Perlen werden mit Klebeband an den Stühlen befestigt (jeweils eine Karte pro Stuhl). Die Schläuche werden alle in den Korb gelegt und mit dem Tuch bedeckt.

Ein Kind nach dem anderen holt sich dann einen Schlauch aus dem Korb, zählt die Perlen und setzt sich anschließend wieder auf seinen Stuhl. Wenn der Korb leer ist, stehen alle Kinder auf. Jeder sucht sich den passenden Platz mit der entsprechenden Pappe zu seinem Perlenschlauch und setzt sich auf den richtigen Stuhl. Wer zuerst sitzt, hat gewonnen. Wenn alle ihren Platz gefunden haben, werden die Schläuche und die aufgemalten Perlen gemeinsam verglichen.

Für die zweite Runde werden die Schläuche wieder in den Korb gelegt. Dann wird das Tuch entfernt. Auf „Los" laufen alle zum Korb, holen sich einen Schlauch, zählen, schauen, zählen, vergleichen und laufen zu dem richtigen Stuhl. Wer zuerst sitzt, hat gewonnen und bekommt ein Glasnugget.

Schluss Nach mehreren Durchgängen wird das Spiel beendet. Gewonnen hat das Kind, das die meisten Glasnuggets sammeln konnte.

C. Die höchste Zahl gewinnt

Mit dieser Übung wird das gegenstandbezogene Zählen vertieft. Zu der Förderung von Konzentration, Ausdauer und genauem Betrachten tritt hier noch die Übung der Handgeschicklichkeit und die Auge-Hand-Koordination, weil die Kinder das Spiel selbst herstellen.

Material Ein Säckchen, 12 Karten mit Zählpunkten von 1 bis 12 (Zählkarten), eine Schachtel, außerdem für jedes Kind 4 Pappkärtchen im Format 10 × 10 cm und ein Tierstempel.

Ort Im Gruppenraum am Tisch.

Hinführung   Die Erzieherin erklärt den Kindern, dass sie heute mit Tierstempeln gemeinsam ein neues Spiel herstellen werden. Jedes Kind bekommt dafür 4 Karten. Nun wird es spannend. Jeder darf aus der Schachtel einen Tierstempel herausnehmen, natürlich ohne zu schauen. Anschließend werden die gut gemischten Zählkarten verdeckt auf den Tisch gelegt. Ein Kind nach dem anderen deckt nun eine Zählkarte auf.

Durchführung   Hat jedes Kind eine Zählkarte aufgedeckt, werden die Punkte auf jeder Karte gezählt. Mit dem Tierstempel stempelt jetzt jeder auf eine leere Karte die gleiche Anzahl Tiere, wie Zählpunkte auf seiner aufgedeckten Karte zu sehen sind. Wenn alle 12 Zählkarten aufgedeckt wurden, werden sie wieder umgedreht und neu gemischt. So wird weiter verfahren, bis jedes Kind seine 4 leeren Karten bestempelt hat.

Das Spiel   Die Zählkarten mit den Punkten werden gut gemischt und in den Karton gelegt. Die anderen Karten liegen bunt durcheinander offen auf dem Tisch. Das Kind, das als Erstes eine Farbe seiner Kleidung mit einem Tier in Verbindung bringt (z. B. „mein Pulli ist so rosa wie ein Schwein"), darf anfangen. Es zieht eine Zählkarte aus dem Karton, zählt die Punkte und sucht eine Stempelkarte mit der entsprechenden Tierzahl. Die Tierkarte legt es vor sich auf den Tisch, die Punktekarte wandert zurück in den Sack. Jedes Kind zieht nun eine Karte und sucht eine entsprechende Tierkarte. Am Ende der ersten Runde wird verglichen, wer die höchste Zahl erreicht hat. Danach können weitere Runden gespielt werden.

Schluss Mögliche Spielvarianten:

- Nach zwei Spielrunden behält das Kind nur die höchste Karte und gibt die niedrigere ins Spiel zurück. Nach vier Runden wird dann gezählt, wer die Stempelkarten mit den meisten Punkten gesammelt hat.
- Es werden von zwei oder drei Spielrunden die Karten behalten und der Wert zusammengezählt. Dabei zählen die Kinder nur die Punkte auf einer Karte, die Erzieherin rechnet das Ergebnis aus!

D. Einkaufen

Bei diesem Spiel erfahren die Kindern den Zahlenbereich bis 20. Für manche Kinder sind die Zahlen 11 und 12 nicht leicht zu merken. Vielleicht, weil sie noch zu abstrakt sind und man die Finger dafür nicht mehr benutzen kann. Die Zahlen ab 13 sind wieder besser herzuleiten (3 und 10 usw.). Deshalb ist es sinnvoll, diese beiden Zahlen so oft wie möglich mit in die Spiele einzubeziehen. Durch Übung und den häufigen Umgang werden sie den Kindern vertraut. Beim folgenden Spiel wird bis 20 gezählt. Manche Kinder kennen schon die richtige Zahlenfolge, haben jedoch noch keine passende Mengenvorstellung dazu. Bei dieser Anleitung ist die sprachliche Anforderung an die Kinder sehr groß. Sie führen ein Verkaufsgespräch, müssen zählen und Höflichkeitsformen beachten.

Material 20 Kartoffeln (evtl. 2 oder 3 mehr), 20 Zehnpfennigstücke, ein Geldbeutel, ein Korb, ein Zettel mit Stift, eine kleine Kartoffelkiste, eine Schürze, eine Kasse und eine Glocke.

Ort Im Gruppenraum (ein Bereich stellt die Wohnung dar, ein anderer das Geschäft).

Vorbereitung Gemeinsam mit den Kindern wird im Gruppenraum ein Geschäft aufgebaut. Die Kinder benötigen neben der Kiste und den Kartoffeln noch eine Kasse, in die das Geld kommt, und eine Glocke, die als Türglocke zum Läuten gebracht wird.

Die Wohnung kann in der Puppenecke eingerichtet werden. Dort wird für das Spiel ein kleiner Block, ein Stift und ein Geldbeutel mit Zehnpfennigstücken und ein Einkaufskorb benötigt.

Hinführung Der Bauer hat auf seinem Feld Kartoffeln geerntet. Er hat so viele Kartoffeln, dass er sie zu einem Geschäft bringt, damit sie verkauft werden. Der Bauer bekommt vom Ladenbesitzer Geld für seine Kartoffeln.

Durchführung Die Rollen werden verteilt: Mutter, Kind und Gemüseverkäufer. Die Spielregeln werden von der Erzieherin erklärt. Die Mutter bittet ihr Kind, für sie Kartoffeln einzukaufen. Sie schreibt einen Zettel (oder malt die Anzahl Kartoffeln auf) und gibt dem Kind den Geldbeutel und einen Korb mit. Das Kind läutet die Ladenglocke, betritt das Geschäft und grüßt den Gemüseverkäufer.

Der Gemüseverkäufer grüßt zurück und fragt, was das Kind möchte. Das Kind zählt auf seinem Einkaufszettel die Kartoffeln und sagt: „Ich hätte gerne … Kartoffeln!"

Der Gemüseverkäufer antwortet: „Ja, gerne" und zählt laut die Kartoffeln in den Korb. „Das kostet pro Kartoffel 10 Pfennig."

Das Kind zählt die Geldstücke ab und gibt sie dem Gemüsehändler. Der zählt das Geld in seine Kasse. Kind und Gemüsehändler verabschieden sich. Das Kind läutet die Türglocke und geht zurück zur Mutter. Die Mutter und das Kind begrüßen sich, und die Mutter lässt sich vom Kind den Einkauf vorzählen.

Die übrigen Kinder beobachten die Spielszenen und werden aufgefordert, leise mitzuzählen. Das Spiel gilt als beendet, wenn alle Kinder verschiedene Rollen spielen durften, ganz nach Ausdauer und Konzentrationsfähigkeit der Kinder.

Schluss Gemeinsam wird zum Schluss bis 20 gezählt, erst die Kartoffeln, anschließend die Zehnpfennigstücke

Vielleicht möchte ein Kind noch ganz allein bis „20 Kartoffeln" oder „20 Zehnpfennigstücke" vorzählen.

2.4 Formen und Farben

Papier und Pappe in ihren vielfältigen Arten gehören zu den wichtigsten und meistgenutzten Materialien im Kindergartenbereich. Sie sind das Basismaterial der vier folgenden Angebote, die sich mit der Thematik rund um Formen und Farben beschäftigen. Die meisten Kinder im Vorschulalter kennen die Grundfarben und viele Mischfarben, außerdem die Formen Dreieck, Quadrat, Rechteck und Kreis. Die folgenden Spielangebote sollen dieses Wissen festigen bzw. erweitern. Kindern, die diese Begriffe noch nicht kennen, bietet der Kindergarten und auch der Handel viele Spiele an, um die Farben- und Formenbezeichnungen kennen zu lernen, zu erfassen und zu benennen.

Bei den folgenden Angeboten wird die visuelle Wahrnehmung als Voraussetzung für das Erlernen des Lesens, Schreibens und Rechnens geübt.

Die Angebote sind dynamisch aufgebaut. Sie reichen vom ruhigen, ordentlichen und konzentrierten Falten bis hin zu einem reaktionsschnellen Bewegungsspiel.

Themen A. Rund, bunt und so lecker!
B. Ein grünes Ungetüm
C. Bewegungsspiel mit Formen und Farben
D. Korbtennis

Grundmaterial Benötigt wird ein vielfältiges Angebot an unterschiedlichen Papieren und Pappen.

A. Rund, bunt und so lecker!

Ab dem 3. Lebensjahr entwickelt sich die Fähigkeit des Zeichnens so weit, dass das Kind einen Kreis malen und schließen kann. Mit dieser Fähigkeit eröffnen sich unendlich viele Gestaltungsmöglichkeiten, z. B. Menschen, Sonnen, Blumen, Luftballons, Auto usw. können gemalt werden. Der Kreis wird oft ausgemalt. Somit üben die Kinder aus eigenen Antrieb das Ausmalen, ohne über den Rand zu geraten. Hier wird diese Fähigkeit vorausgesetzt und in einer feinmotorisch anspruchsvollen Form beim Kärtchenmalen vertieft. Neben dem visuellen Wahrnehmungstraining beim Spiel wird die Handgeschicklichkeit geübt.

Material Eine Packung Löffelbiskuits, bunte Schokodragees, Puderzucker, Zitronensaft, Messer, Löffel, Pinsel, Schälchen, ein großer Teller oder ein rundes Kuchengitter, Pappkärtchen im Format 2 × 10 cm (in der gleichen Anzahl wie die Biskuits), ein Kurzzeitwecker, Buntstifte.

Ort In der Küche des Kindergartens, im Gruppen- oder Nebenraum.

Hinführung Von der Erzieherin wird ein allgemeines Gespräch über runde Gegenstände begonnen. Sie stellt den Kindern ein paar einfache Aufgaben: Wer kann einen Kreis gehen? Wer kann einen Kreis in die Luft malen?
Biskuits, Schokodragees, Puderzucker, Zitronensaft, Pinsel, Schälchen, Messer Löffel, großer Teller oder rundes Kuchengitter werden auf den Tisch gestellt.
Die Kinder suchen den Bezug zum Thema „Was ist rund?"

Vorbereitung Aus Puderzucker und Zitronensaft wird eine glatte Masse gerührt. Die Kinder dürfen sich Schokodragees aussuchen und sie in beliebiger Farbfolge auf die Biskuits kleben. Dazu wird das Biskuit mit einem Pinsel mit der Zitronensaft-Puderzucker-Mischung bestrichen. Zum Trocknen werden die Biskuits auf das Gitter oder den Teller gelegt. Entsprechend den Biskuits werden dann die Kärtchen mit bunten Kreisen bemalt. Sie sollen identisch mit den Biskuits sein. Pro Biskuit entsteht ein Kärtchen.

Durchführung Die Biskuits werden auf dem Tisch verteilt, die Karten gut gemischt und verdeckt auf dem Tisch strahlenförmig um die Biskuits herum verteilt. Das erste Kind beginnt das Spiel, indem es eine Karte umdreht. Ab jetzt läuft der Kurzzeitwecker etwa 1 Minute. Anhand des Kärtchens sucht das Kind das entsprechende Löffelbiskuit. Hat es das Biskuit in der gesetzten Zeit gefunden, darf es ihn behalten. Ist die

Zeit vorher abgelaufen, muss es die Karte zurück ins Spiel geben. Dann versucht das nächste Kind sein Glück. Das Spiel ist beendet, wenn alle Biskuits an die Kinder verteilt sind.

Schluss Nach dem Spiel können verschiedene Sieger ermittelt werden, z. B. wer die meisten Biskuits hat, wer auf allen Plätzchen die meisten Schokodragees hat, wer die meisten Schokodragees in einer Farbe hat usw.

Wenn das Spiel ein paar Mal gespielt wurde, dürfen die Biskuits gegessen werden.

B. Ein grünes Ungetüm

Etwas zu basteln, mit Klebstoff, Schere und Lineal zu hantieren, ist spannend und anspruchsvoll. Geschick und Koordination sind genauso notwendig wie Abstraktionsfähigkeit und Konzentration. Die Kinder erleben, wie durch ihr Handeln aus einem Quadrat ein Dreieck wird und aus vielen Dreiecken eine Tierfigur entsteht.

Material Transparentpapier (oder Tonpapier) in zwei unterschiedlich grünen Farben, 2 Wackelaugen, etwas rotes Papier zum Ausschmücken, Lineal, Stift, Schere und Klebstoff.

Ort Im Gruppenraum.

Vorbereitung Pro Kind werden 6 hell- und 6 dunkelgrüne Quadrate mit einer Seitenlänge von ca. 5 cm benötigt. Die Erzieherin hat bereits eine grüne Schlange gebastelt.

Hinführung Die Erzieherin zeigt den Kindern die grüne Schlange aus Transparentpapier und erzählt, dass dieses grüne Ungetüm traurig ist, weil es keine Freunde hat. Sie fragt die Kinder, ob sie ihm helfen und weitere Schlangen basteln wollen.

Durchführung Jedes Kind bekommt nun je 6 hell- und 6 dunkelgrüne Quadrate aus Transparentpapier. Zunächst werden die Quadrate zu Dreiecken gefaltet, wieder geöffnet und in entgegengesetzter Richtung auf die beiden anderen Ecken wieder zu einem Dreieck gefaltet. Mit einem

hellgrünen Quadrat wird jetzt begonnen, die Schlange zusammenzusetzen. Das Quadrat steht auf der Ecke. Der Knickrand rechts von der Mitte wird bis zur rechten Ecke mit Klebstoff bestrichen und die linke Spitze eines dunkelgrünen Quadrats wird bis in die Mitte des hellgrünen Quadrats gelegt. Die Faltlinien müssen aufeinander liegen. So wird die Reihe fortgesetzt, bis alle Quadrate zusammengeklebt sind. Nach dem Trocknen des Klebstoffs wird die Schlange in der Mitte auf der alten Faltlinie nachgefaltet, sodass lauter Spitzen hochstehen. Nun muss die Schlange noch einen Kopf mit Augen und Zunge bekommen, den die Kinder frei gestalten dürfen.

An ein paar Fäden kann die Schlange vor dem Fenster oder an einem Stab befestigt werden.

Schluss   Die grüne Schlange ist froh, nicht mehr allein zu sein. Die selbst gebastelten grünen Ungeheuer treffen sich und unterhalten sich miteinander. Was frisst so ein Ungeheuer besonders gern? Was trinkt es? Schläft es gern und wann? Womit spielt es am liebsten?

C. Bewegungsspiel mit Formen und Farben

Neben dem Erkennen von Formen (Quadrat, Kreis, Rechteck und Dreieck) ist bei diesem bewegungsintensiven Spiel auch schnelle Reaktion gefragt.

Die Vorbereitungen für das Spiel nehmen etwa einen Tag in Anspruch.

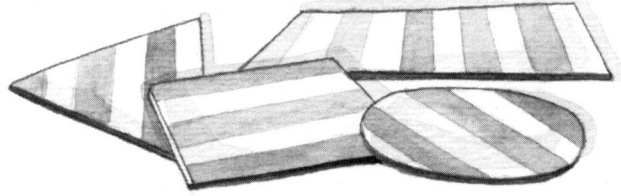

Material   Je 4 Nadelfilzfliesen in Rot, Gelb, Grün und Blau (ersatzweise entsprechend farbige Pappstücke), Lineal, Stift und eine gerade Leiste, ein

Kreis mit einem Durchmesser von ca. 9 cm als Schablone, Stifte, Scheren, durchsichtige Plastikdose, ein Formen- und ein Farbenwürfel (die Würfelflächen von zwei Würfeln werden mit je einer Form bzw. Farbe beklebt), pro Kind je 4 rote, blaue, gelbe und grüne Fotokartonquadrate im Format 10 × 10 cm.

Ort Im Turnraum oder im Garten.

Hinführung Von jeder Farbe gibt es einen Kreis, ein Quadrat, ein Dreieck und ein Rechteck. Die Erzieherin hat bereits die Formen aus den Teppichfliesen ausgeschnitten. Gemeinsam werden die Formen erarbeitet und benannt: Die Ecken werden gezählt (Dreieck – Viereck), der Unterschied zwischen Quadrat und Rechteck wird bestimmt (alle Seiten sind gleich lang bzw. es gibt zwei lange und kurze Seiten) und der Kreis als eckenlose Form wird eingehend betrachtet.

Die Kinder betasten die Formen ausgiebig und malen sie mit den Händen in die Luft. Zuerst mit der rechten Hand, dann mit der linken Hand und schließlich mit beiden Händen.

Nun basteln die Kinder aus ihren Fotokartonquadraten die vier Formen. Mit Hilfe der Kreisschablone wird auf ein Quadrat jeder Farbe ein Kreis gemalt und ausgeschnitten. Ein Rechteck entsteht, wenn das Quadrat einmal längs oder quer gefaltet und an der Faltlinie entlang ausgeschnitten wird. Das Dreieck entsteht, wenn das Quadrat diagonal gefaltet und entlang der Faltlinie auseinander geschnitten wird. Das Quadrat selbst liegt fertig vor.

Nachdem jedes Kind in jeder Farbe alle vier Formen hat, legt es alle Formen und Farben vor sich aus.

Nun werden die 16 großen Teppichformen in einem großen Kreis auf dem Boden verteilt und mit den Formen, die die Kinder haben, verglichen. Alle zeigen ihr gelbes Dreieck; wo liegt es im Kreis? Nach kurzer Zeit gelangen die Kinder zu einer beachtlichen Sicherheit.

Durchführung Die Kinder stehen im Kreis um die Erzieherin, ihre kleinen Tonpapierformen liegen auf dem Tisch, die großen Formen liegen am anderen Ende des Raums großzügig verteilt auf dem Boden. Nun wird die Dose mit den beiden Würfeln geschüttelt und die Würfel kullern heraus. Zeigt der Farbenwürfel eine der vier Farben und der Formenwürfel eine Form, laufen die Kinder zu ihrem Platz und holen die Form.

Um die Spannung nochmals zu steigern, würfelt nun ein Kind und sagt laut, was es gewürfelt hat. Alle Kinder schauen, was gewürfelt worden ist. Das Kind zeigt jedem das Ergebnis. Es stellt die Würfeldose auf den Boden, und nun laufen die Kinder los, um ihre Formen zu holen.

Wenn jeder eine Tonpapierform in der Hand hält, suchen alle die entsprechende große Form und stellen sich darauf.

Wer zuerst mit der richtigen Form in der richtigen Farbe in der Hand auf der richtigen farbigen Form steht, hat einen Punkt gewonnen.

Schluss Wenn alle Kinder einmal gewürfelt haben, ist das Spiel beendet.

Aus den Tonpapierformen können in gemeinsamer Arbeit Häuser, Türme und andere Bauwerke gelegt werden.

D. Korbtennis

Auch zusammengeknülltes Papier kann mit ein bisschen Geschick rund oder beinahe rund wie eine Kugel werden. Die Kinder setzen sich beim Korbtennis spielerisch mit der Kugelform auseinander. Zudem wird die Geschicklichkeit und das Koordinationsvermögen trainiert, wenn es darum geht, die Papierbälle wie beim Tennis in den Korb zu befördern.

Material (für ca. 20 Kinder)

Ein Farbenwürfel; dazu kann ein normaler Würfel auf allen 6 Flächen mit verschieden farbigem Seidenpapier beklebt werden.

Für die Papierbälle: Zeitungspapier, je 3 Bogen Seidenpapier in 6 Farben, 3 Bogen Regenbogen-Wellpappe, Klebestreifen, Schere, ein großer Korb, eine Stoppuhr.

Ort Im Turnraum oder in der Turnhalle.

Vorbereitung Die bunten Papierbälle werden von den Kindern gebastelt. Je eine Zeitungspapierseite wird zu einem Ball zusammengeknüllt, danach in ein Stück farbiges Seidenpapier gepackt und mit Klebestreifen zugeklebt. Von jeder Farbe werden so 20 bis 25 Bälle gemacht, das bedeutet 160 bis 200 bunte Papierbälle für das Spiel; da wird jede Hand gebraucht. Alle Papierbälle werden in den Korb gelegt.

Für die Regenbogenstäbe wird die Regenbogen-Wellpappe in 8 bis 10 Teile (1× waagerecht und 4 bis 5× in Wellenrichtung) geteilt und auseinander geschnitten. Die Teile werden zu Stäben gerollt und oben und unten mit Klebestreifen zugeklebt. Jedes Kind bekommt einen Regenbogenstab.

Durchführung Die Papierbälle werden auf dem Boden verteilt. Alle Kinder halten ihren Regenbogenstab in der Hand. Die Erzieherin oder ein Kind würfelt mit dem Farbenwürfel. Nun wird die Stoppuhr gestartet, und die Kinder sollen innerhalb der nächsten 3 bis 5 Minuten alle Papierbälle der ausgewürfelten Farbe mit Hilfe des Regenbogenstabes in den Korb befördern. Die Bälle werden wie beim Tennis mit dem Regenbogenstab geschlagen, dürfen also nicht direkt in den Korb geworfen werden. Ist die Zeit abgelaufen und befinden sich alle Bälle der Farbe im Korb, bekommen die Kinder den Punkt. Liegen noch Bälle in der ausgewürfelten Farbe auf dem Boden, hat die Uhr gewonnen. Nach 8 Spieldurchgängen ist das Spiel entschieden. Jede Farbe wird nur einmal gespielt.

Schluss Vielleicht wollen die Kinder eigene Regeln für das Spiel entwickeln, die Papierbälle mit der flachen Hand in den Korb befördern oder mit der anderen Hand die Regenbogenstäbe führen.

2.5 Würfel

Bei diesen Angeboten dreht sich alles um den Würfel als Körper und um den Würfel mit seinen Farb- und symbolischen Mengenangaben. Bei jeder Beschäftigung hilft der Würfel, das Zählen und das Erkennen von Symbolen zu üben.

Themen
A. Vielerlei Würfel – Bewegungsspiel mit Farbwürfel
B. Nur die 6 führt zum Ziel! – Geschicklichkeitsspiel
C. Käse-Naschen – Tischspiel
D. Schneeflocken und Sonnenstrahlen – Bewegungsspiel

Grundmaterial Es werden unterschiedliche Würfel benötigt.

A. Vielerlei Würfel

Oft schon hatten die 5- bis 6-Jährigen einen Würfel zum Spielen in der Hand. Doch was wissen sie über den Würfel als Körper? Kennen sie seine Flächen, Kanten und Ecken? Ein einfaches Bewegungsspiel rundet das Tagesprogramm ab.

Material Unterschiedliche Spielwürfel, ein Bauklotz (Würfel) für jedes Kind, 15 Spielwürfel (bzw. pro Kind einen) mit Augen, Tonpapier-Punkte 15 cm Ø in allen 6 Würfelfarben, 6 Gymnastikreifen, ein Säckchen für die Würfel.

Ort Im Gruppen- oder Nebenraum. Das Spiel kann im Turnraum stattfinden.

Vorbereitung Die Erzieherin zeichnet auf einem Stück Tonpapier die Grundform
eines „auseinander gefalteten" Papierwürfels auf, schneidet den Umriss aus und zeichnet die Faltkanten ein.

Hinführung Die Kinder sitzen um den Tisch, die Erzieherin legt den vorbereiteten
Umriss auf die Tischfläche. Die Kinder betrachten ihn und überlegen,
was man daraus wohl machen kann. Die Antwort bleibt offen. Dann
faltet die Erzieherin vor den Augen der Kinder den Würfel zusammen
und fixiert ihn mit Klebestreifen. Alle erkennen und benennen jetzt
den Körper als Würfel.

Durchführung Wir betrachten den Würfel und erfassen ihm mit seinen besonderen
Eigenschaften. Jedes Kind bekommt einen Würfel-Bauklotz.
Wie viele Flächen hat ein Würfel?
Wie viele Ecken hat er?
Wie viele Kanten hat der Würfel?
Es wird genau gezeigt, was eine Fläche, eine Ecke und eine Kante
ist. Haptisch und optisch erfahren die Kinder ganz bewusst die Unter-
schiede und nehmen alle 6 Flächen, 8 Ecken und 12 Kanten des Wür-
fels wahr.
Nun bekommt jedes Kind einen Spielwürfel. Nach so vielen schwie-
rigen Fragen folgt nun die Gegenüberstellung von einem Spielwürfel
und einem Bauklotz-Würfel. Ergebnis der Betrachtung: Die Ecken
des Spielwürfels sind abgerundet, damit er besser rollt. Versuch star-
ten!
Ein paar Bauklötze und Würfel werden in das Säckchen zu den vielen anderen Würfeln gegeben. Jedes Kind darf einen Würfel aus dem
Säckchen holen und ihn benennen. Im Säckchen befinden sich z. B.:
■ Bauklotz -Würfel
■ Spielwürfel mit Punkten (Augen)
■ Farbwürfel
■ Formenwürfel
■ Würfel mit Gesichtern

- Würfel mit Augen zum Fühlen
- Würfel mit Zahlen
- Würfel mit Gegenständen oder Symbolen
- Würfel ohne Aufdruck zum Selbstbemalen

Nach so viel Konzentration, Ausdauer und Aufmerksamkeit folgt ein spannendes Bewegungsspiel mit einem Farbwürfel im Turnraum:

Bewegungsspiel mit Farbwürfel

Die 6 Gymnastikreifen werden im Raum verteilt auf den Boden gelegt. In jeden Reifen wird ein Tonpapier-Punkt einer anderen Farbe gelegt. Alle Kinder stehen im Kreis um die Erzieherin. Sie würfelt und benennt laut die gewürfelte Farbe. Alle Kinder laufen zu dem entsprechenden Reifen und stellen sich hinein. Wer zuletzt in den Reifen steigt, scheidet aus und darf beim nächsten Spiel würfeln.

Nach drei Proberunden beginnt das Spiel.

Gewonnen hat, wer zuletzt übrig bleibt.

B. Nur die 6 führt zum Ziel

Bei diesem spannenden Geschicklichkeitsspiel geht es um die Wahrnehmung der Symbole für 1, 2, 3 und 6. Daneben wird die Handgeschicklichkeit trainiert und ein besonderes Augenmerk liegt auf der Förderung des Gemeinschaftssinnes.

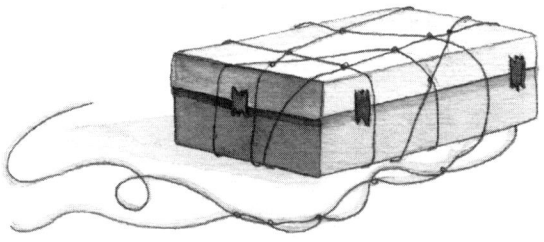

Material Ein Schuhkarton, Klebestreifen, eine Schere, eine dicke, glatte Schnur (ca. 3 m lang), ein Spielwürfel, pro Kind ein Schoko-Kuss.

Ort Am Tisch im Gruppen- oder Nebenraum.

Hinführung Die Erzieherin hat die Schoko-Küsse sicher im Schuhkarton verpackt. Die Kinder sehen den mit Klebestreifen verschlossenen Schuhkarton. Sie erfahren, dass sich in der Kiste eine Überraschung für sie befindet. Gemeinsam wird die Schachtel nun mit der Schnur zugeschnürt und mit mindestens 10 Knoten versehen. Die offenen Schnur-Enden bleiben hängen.

Durchführung Ein Kind beginnt zu würfeln. Hat es eine 1, 2 oder 3 gewürfelt, müssen entsprechend viele Knoten in die Schnur-Enden gemacht werden. Hat es eine 6 gewürfelt, darf es 6 Knoten lösen. Hat es die Knoten geschlossen bzw. geöffnet, darf der nächste linke Tischnachbar würfeln. Bei einer 4 oder 5 ist das nächste Kind sofort an der Reihe. Gibt es zu viele Knoten, wird die 3 aus dem Spiel genommen, und es zählen nur noch die 1, 2 und 6. Das Würfelglück wird die Kinder früher oder später so weit bringen, dass sie alle Knoten lösen konnten. Gemeinsam wird nun das Paket geöffnet.

Schluss Wer den letzten Knoten löst, darf den Schuhkarton öffnen und die Schoko-Küsse verteilen. Die Schoko-Küsse werden nach so viel Anstrengung und Aufregung verspeist.

Mögliche Spielvarianten Ist kein Ende abzusehen, weil die 6 allzu selten fällt, kommen alle Zahlen ins Spiel und werden zum Öffnen der Knoten verwendet.

Sind noch drei Knoten bis zum Ziel zu lösen, gilt beim 6er-Würfeln auch nur eine 6. Der Rest verfällt. Sind alle Zahlen im Spiel, muss die genaue Zahl der restlichen Knoten erwürfelt werden.

C. Käse-Naschen

Bei diesem Tischspiel, das immer vier Kinder gemeinsam spielen können, hat die Kindergruppe ein gemeinsames Ziel: Sie wollen ihre Mäuse vor der Katze in Sicherheit bringen und helfen sich dabei gegenseitig. Wenn eine Maus gefangen wird, hat die Katze gewonnen und die Kinder (Mäuse) haben verloren. Es wird ein neues Regelverständnis erarbeitet. Alle Würfelsymbole von 1 bis 6 werden geübt. Die Kinder vergleichen und beraten miteinander, ob und welche Zahlen benötigt werden.

Material Je eine Moosgummimatte DIN A4 in Rot, Gelb, Schwarz, etwas Rosa und zwei Moosgummimatten in Grau, 20 Wackelaugen für die Mäuse, 2 Wackelaugen für die Katze, 5 Meter graue Baumwollkordel, ein Apfelausstecher, ein Locher, ein Körbchen, ein Würfel.

Ort Im Gruppen- oder Nebenraum am Tisch.

Hinführung Gemeinsam mit den Kindern wird das Spiel gebastelt. Grundform für die Mäuse ist ein dicker Tropfen aus grauem Moosgummi, der nach dem Ausschneiden längs geteilt wird. So entsteht die Seitenansicht der Maus. Die Ohren für die Mäuse und die Käselöcher werden mit dem Apfelausstecher ausgestanzt.

Die Erzieherin zeichnet so groß wie möglich die Einzelteile der Katze (Kopf, Körper, Schwanz, vier Beine) auf die schwarze Moos-

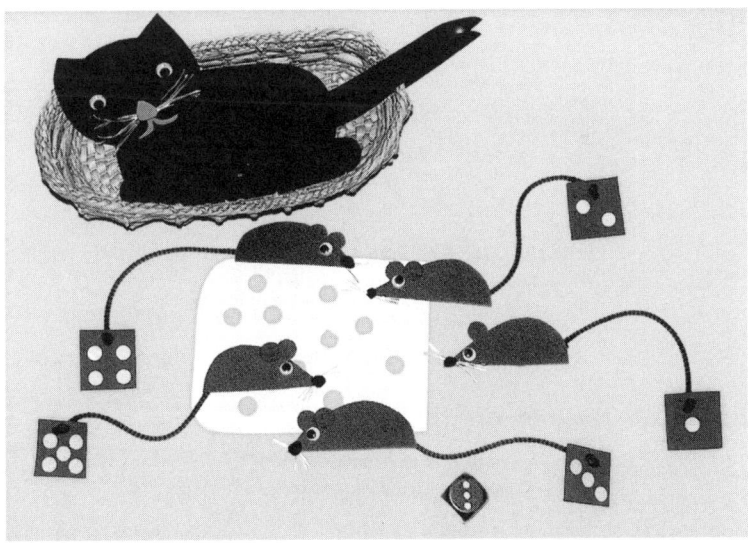

gummimatte. Die Mäuse werden mit Ohren, Auge, Schnurrbart, Schnauze und Kordelschwanz versehen. Die Einzelteile der Katze werden ausgeschnitten und sie bekommt Augen, Schnäuzchen, Nase und Schnurrhaare. Das rote Moosgummi wird in 20 Würfel 3 × 3 cm geschnitten. Diese werden gelocht und je viermal mit Würfelpunkten von 1 bis 5 versehen. Je ein Würfel wird an einen Mäuseschwanz geknotet.

Durchführung Jedes Kind hat fünf Mäuse (mit je einem Würfel von 1 bis 5 am Schwanz) und gibt ihnen einen Namen. Alle 20 Mäuse sitzen auf dem Käse oder am Käse und fressen, während die Katze in ihrem Körbchen liegt und schläft.

Die Kinder sitzen um den Tisch. Wer zuerst gute Namen für seine Mäuse gefunden hat (die Kinder entscheiden), darf beginnen zu würfeln. Es wird reihum gewürfelt, und alle Zahlen von 1 bis 5 bringen die entsprechenden Mäuse in ihr Mauseloch in Sicherheit. Würfelt ein Kind zum zweiten Mal beispielsweise die 3, schenkt es sie einem anderen Kind, dessen Maus mit der 3 auf dem Würfel noch auf dem Käse sitzt. Sind alle Dreier-Mäuse schon im sicheren Mauseloch, entfällt die Zahl. Wird eine 6 gewürfelt, kommen die Katzenteile ins Spiel. Zuerst der Kopf, dann der Körper, der Schwanz und jedes Bein einzeln. Ist zum siebten Mal eine 6 gewürfelt worden, bevor die Kinder alle Mäuse vom Käse weggewürfelt haben, gewinnt die Katze. Sie fängt alle Mäuse, die noch am Käse naschen. Sind die Mäuse aber schon alle in Sicherheit und die Katze ist noch nicht zusammengebaut, haben die Mäuse gewonnen.

Schluss Die Kinder finden eine neue Spielregel für ein zweites Spiel.

D. Schneeflocken und Sonnenstrahlen

Bei diesem Bewegungsspiel geht es darum, die gewürfelten Zahlen wahrzunehmen und richtig umzusetzen. Es ist ein schnelles Spiel mit viel Bewegung, das mit der ganzen Vorschulgruppe gespielt werden kann.

Material Watte-Pads (1 bis 2 Tüten), ein großer Schaumgummiwürfel, pro Kind ein Körbchen (z. B. ein Obstkorb aus Kunststoff).

Ort Im Turnraum.

Hinführung Zu Beginn wird ein Gespräch über die Frühlingssonne geführt, die mit ihren warmen Sonnenstrahlen die Schneeflocken schmelzen lässt.
    Dann würfelt ein Kind und nennt laut die gewürfelte Zahl. Es sucht die entsprechende Anzahl Kinder aus, die sich wie die Punkte auf den Würfeln aufstellen müssen. Das Kind würfelt so lange, bis alle Kinder aufgestellt sind.

Durchführung Die Watte-Pads werden als Schneeflocken auf dem Boden verteilt. Alle Kinder stellen Sonnenstrahlen dar. Ein Kind ist die Sonne. Es würfelt und sagt den Sonnenstrahlen, wie viele Schneeflocken sie einsammeln sollen. Jeder Sonnenstrahl sammelt die entsprechende Anzahl Schneeflocken in sein Körbchen. Die Erzieherin achtet darauf, dass sich jedes Kind das Würfelergebnis auf dem großen Würfel anschaut und die entsprechende Menge Schneeflocken einsammelt.
    Je nach Höhe der Zahlen wird drei oder vier Mal gewürfelt.

Schluss Die Erzieherin hat mitgerechnet und kennt das Gesamtwürfelergebnis. Das Spiel wird beendet, und jedes Kind zählt seine Schneeflocken. Alle Kinder sagen nacheinander ihr Ergebnis. Alle, die die richtige Menge Schneeflocken eingesammelt haben, haben gewonnen.
    Das Spiel wird wiederholt und ein anderes Kind darf die Sonne sein. Es kann auch so lange gewürfelt werden, dass die Kinder bis etwa 20 zählen müssen.

2.6 Zahlen überall

Mit diesen Angeboten sollen die Kinder aufmerksam gemacht werden auf Zahlen, die sie täglich umgeben. Das bewusste Wahrnehmen von Zahlen im Alltag ist eine Übung in den Bereichen Wahrnehmen, Erkennen und Benennen. So sind die verschiedenen Lernschritte zu beschreiben, bis die Kinder die Zahlen durch ständiges Wiederholen im realen Leben sicher erkennen können. Sie lernen über die Symbole, die Zahlen zu benennen.

Wir suchen Zahlen in Zeitschriften, auf Reklamewurfsendungen, im Haushalt und in der Stadt – und überall sonst, wo man Zahlen finden kann.

Themen   A. Zahlenschnur mit Zahlenkarten
B. Münzen betrachten und sortieren
C. Das Telefon
D. Zahlen suchen

A. Zahlenschnur mit Zahlenkarten

Nachdem die Kinder sicher mit den Würfelsymbolen von zwei Würfeln umgehen können, folgt der nächste Schritt: Wir ersetzen die Zählpunkte (Augen) durch Zahlen. Um den Kindern die abstrakten Zahlen deutlich zu machen, ist es wichtig, sie auf Zahlen in ihrer Umgebung aufmerksam zu machen und immer wieder damit umzugehen.

Material   Zwei Würfel, ein Locher und für jedes Kind: die Zahlen 0 bis 12 aus Moosgummi, 13 Pappkärtchen 5 × 5 cm, bunte und weiße Klebepunkte, eine Kordel von etwa 25 cm Länge, Buntstifte, Klebstoff.

Ort   Im Gruppen- oder Nebenraum.

Hinführung   Zahlen gibt es überall. Mit den Kindern wird ein Gespräch zu diesem Thema geführt. Wie viele Kinder sind gerade hier? Wie viele Jungen und Mädchen?

Ein anderer Einstieg ist, die Kinder holen Zahlen aus einem Korb, betrachten die Form und malen die Form in die Luft.

Gemeinsam wird ein Bezug zu jeder Zahl gesucht:

5 : 5 Finger oder 5 Jahre

2 : 2 Augen und Ohren

9 : alle Neune (beim Kegeln fallen alle 9 Kegel)

4 : vierblättriges Kleeblatt

6 : höchste Würfelzahl

usw.

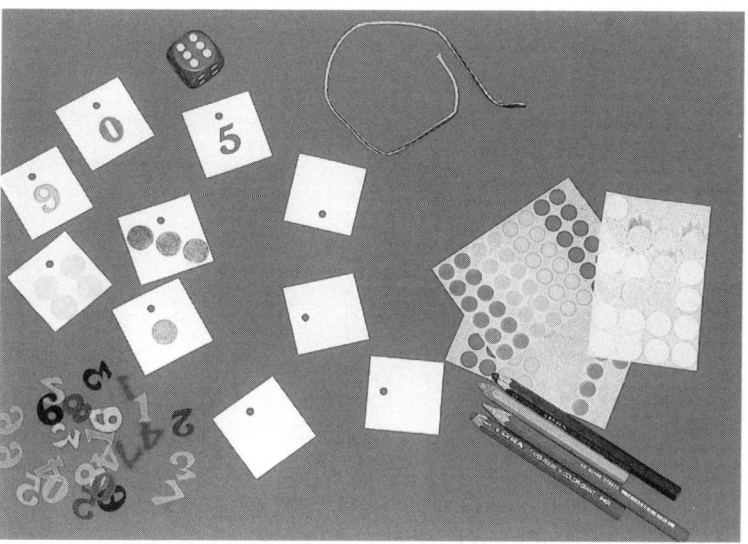

Durchführung   Nun werden die Zahlenkarten gebastelt. Das sind „Zauberkarten", mit denen man alle Zahlen erkennen und sie beim Namen nennen kann. Ein Kind beginnt mit der Aufgabe, das kleinste Symbol auf dem Würfel zu suchen. Es sucht und findet die 1.

Jedes Kind malt einen Punkt an und klebt ihn genau nach der Stellung des Würfels auf eine seiner Karten. Den Kindern wird nun die dazugehörige Zahl 1 ausgeteilt, die auf die Kartenrückseite geklebt wird.

Was ist weniger als 1 Punkt oder die Zahl 1? Gar nichts! Dafür steht die 0. Auf eine weitere Karte wird also die 0 geklebt.

Beide Zahlenkarten werden in der oberen Mitte gelocht und auf die Kordel gefädelt. Genauso wird bei allen folgenden Zahlen verfahren. Sie werden so aufgefädelt, dass die Zahlen von links nach rechts größer werden.

Nachdem alle Zahlen des ersten Würfels erarbeitet worden sind, folgt der zweite Würfel. Die Kinder finden auf den folgenden 6 Kärtchen die Umrisse von zwei Würfeln vor. Auf einem Würfel werden immer 6 Punkte eingetragen, der zweite wird mit einem Punkt beklebt. Für die Zahlen ab 7 werden farbige Punkte verwendet. Auf die Rückseite wird jeweils die Zahl geschrieben, die die beiden Würfelaugen anzeigen. Sind alle 12 Karten fertig geklebt, gelocht und aufgefädelt, wird die Schnur zugeknotet – fertig ist die Zahlenschnur.

Schluss Das Malen, Kleben und Zuordnen der Zahlen hat von den Kindern viel Konzentration und Ausdauer gefordert. Deshalb ist für diesen Tag im Kindergarten die Aufgabe beendet. Sie dürfen ihre Zahlen-Zauberkarten mit nach Hause nehmen und ihren Eltern zeigen. Am nächsten Tag sollen sie wieder mitgebracht werden. Zu Hause sollen die Kinder schauen, wo es in ihrer Wohnung überall Zahlen gibt.

B. Münzen betrachten und sortieren

Was steht eigentlich auf unseren Münzen, die wir benötigen, um einzukaufen? Wie heißt unser Geld? Es werden die Zahlen 1, 2, 5 und 10 erarbeitet und vertieft.

Material Pro Münzwert 10 Geldstücke, 4 Körbchen, Kreide (oder Seilstücke), die Zahlenkarten.

Ort Im Gruppen- oder Nebenraum, eventuell auch auf einem Teerplatz.

Hinführung Die Kinder berichten über ihre Aufgabe, im Haushalt Zahlen zu suchen. Wo haben sie überall Zahlen gefunden?

Durchführung Wer von den Kindern kennt den Begriff „Geld" und kann ihn erklären? Die Kinder bekommen Münzen ausgeteilt und sollen mit Hilfe ihrer Zahlenkarten

- die Zahlen auf den Münzen benennen,
- die Zahl auf der Münze suchen,

■ sie mit der Zahl auf der Zahlenkarte vergleichen,

■ die Karte umdrehen, die Punkte zählen und den Münzwert benennen.

Jedes Kind kann seinen Fertigkeiten entsprechend die Zahlenkarten einsetzen.

Die vier erarbeiteten Zahlen 1, 2, 5 und 10 werden mit Kreide groß auf den Teer bzw. die Steine gemalt oder mit Seilen auf den Fußboden gelegt. Die Kinder balancieren darüber und erfahren so die Zahlen mit dem ganzen Körper.

Sind die Zahlen gefertigt, wird am Tisch im Raum mit je vier Kindern das folgende Spiel gespielt.

Spielanleitung   Münzen sammeln

Auf dem Tisch liegen je zehn Einpfennig-, Zweipfennig-, Fünfpfennig- und Zehnpfennigstücke. Die Kinder sitzen am Tisch, jedes hat ein Körbchen und entscheidet sich für eine der vier Münzarten. Auf ein Startsignal hin sammelt jedes Kind so schnell es kann seine Münzsorte in seinen Korb. Es darf keine liegen bleiben. Wer zuerst alle Münzen eingesammelt hat, hat gewonnen.

Schluss   Jedes Kind zeigt auf seinen Zahlenkarten die vier Zahlen 1, 2, 5 und 10 und benennt sie. Wer findet Beziehungen zu den Zahlen, damit man sie sich besser merken kann? Jeder hat 1 Kopf, 2 Augen, 5 Finger an einer Hand, 10 Finger und 10 Zehen.

C. Telefonnummern

Neben dem Umsetzen von Symbolen in Zahlen lernen die Kinder, Zahlen zu vergleichen und Zahlen auf der Telefontastatur wiederzufinden.

Spannend und gemeimnisvoll zugleich ist diese Aufgabe. Es geht darum, ein Geheimnis zu lüften! Dabei sind verschiedene Fähigkeiten und Fertigkeiten gefordert, und zum Schluss benötigt man noch eine ganze Menge Mut. Telefonnummern werden von Symbolen in Zahlen umgesetzt und dann wird die Nummer gewählt. Wer meldet sich am anderen Ende?

Material Vorbereitete Blätter mit Telefonnummern, die in Würfelsymbolen dargestellt sind, eine Kiste mit der Aufschrift „Geheim", ein Zahlen-Stempel und Stempelfarbe, ein Telefon, Telefonbuch.

Ort Im Gruppen- oder Nebenraum/am Telefon.

Vorbereitung Bei diesem Spiel müssen die Mütter bzw. Eltern eingeweiht sein. Sie sind auf die Anrufe vorbereitet, haben aber ihren Kindern nichts gesagt, damit die Spannung erhalten bleibt. Die Erzieherin legt in die Kiste die Blätter mit den Telefonnummern, die in Würfelsymbole verschlüsselt sind. Unter jedem Symbol ist Platz für einen Zahlenstempel, den die Kinder einstempeln müssen.

Bei dieser Aktion sollten so viele Eltern wie möglich mitmachen, dann ist die Auswahl der Telefonnummern groß genug, um ein spannendes Spiel zu ermöglichen.

Hinführung Alle Kinder sitzen am Tisch. Die Erzieherin berichtet den Kindern von der geheimnisvollen Kiste, die morgens vor dem Kindergarten stand. Was mag da wohl drin sein? Gemeinsam wird die Kiste geöffnet.

Durchführung Jedes Kind darf nun eine verschlüsselte Telefonnummer aus der Kiste nehmen. Die Erzieherin achtet darauf, dass kein Kind die eigene Rufnummer bekommt. Die Symbole werden in Zahlen umgesetzt und die entsprechende Zahl unter das Symbol gestempelt. Ist jede Nummer entschlüsselt, schaut die Erzieherin, ob die Aufgabe von jedem Kind richtig erfüllt wurde.

Nun beginnt das große Ratespiel. Was das für eine geheimnisvolle Nummer ist? Wer findet heraus, dass es eine Telefonnummer sein kann? Der Mutigste beginnt, seine Nummer zu wählen, und spricht mit dem Teilnehmer. Alle Kinder hören zu. Wessen Mutter oder Vater ist es? Alle Kinder dürfen mitraten. Hat jedes Kind bei seiner Nummer angerufen, könnte das Spiel beendet sein. Aber es kann noch

weitergehen. Die Kinder können untereinander die Zettel tauschen und nun sollen die Mütter bzw. Väter am anderen Ende der Leitung durch Fragen ermitteln, welches Kind sie gerade anruft.

Schluss   Zum Schluss könnte man über Notfallnummern sprechen, evtl. ein
Polizei- oder Feuerwehrauto malen und die Notrufnummern dazu
stempeln lassen. Oder alle könnten gemeinsam verschiedene Service-
dienste der Post anrufen, etwa die Zeitansage. Natürlich tippen die
Kinder wieder die Zahlen ein, die sie vielleicht auch direkt aus dem
Telefonbuch ablesen.

D. Auf Zahlensuche

Die Kinder haben nun schon eine gewisse Sicherheit im Umgang mit
ihren Zauberzahlen. Heute wollen wir mal auf Zahlensuche gehen
und einen Beobachtungsgang machen. Ideal geeignet wäre eine Fußgängerzone, in der sich die Kinder frei bewegen können, ohne auf den
Verkehr achten zu müssen.

Material   Jedes Kind nimmt seine Zahlenschnur (Seite 110) mit.

Ort   Im Dorf bzw. in der Stadt; am besten in einer Fußgängerzone.

Hinführung   Die Kinder bekommen ihre Aufgabe erklärt: „Wir gehen heute Zahlen
suchen! Schaut euch genau um, wo ihr überall Zahlen sehen könnt.
Ihr werdet überrascht sein, wo es überall Zahlen gibt."
    Entsprechend der Ausflugssituation sind Verhaltensmaßregeln zu
klären.

Durchführung   Gemeinsam wird nach Zahlen gesucht. Wir entdecken sie auf Haus-
nummern, Autokennzeichen, Preisschildern, Verkehrsschildern, Pla-
katen, als Uhrzeit, in Form von Jahreszahlen auf Häusern oder Brun-

nen usw. Wer eine Zahl entdeckt hat, darf sie mit Hilfe seiner Karten benennen. Jedes Kind sollte mehrmals an der Reihe sein und Zahlen benennen.

Schluss Nach so viel Anstrengung und Konzentration lassen wir uns von jemandem eine Zahl sagen. Wir gehen in den Supermarkt und kaufen ein. Jeder kauft etwas anderes, jeder bezahlt seinen Einkauf selbst. Natürlich ist neben nützlichen Dingen auch etwas Gutes für die Kinder dabei, z. B. Obst.

2.7 Zahlen basteln, mit Zahlen spielen

Bei den folgenden Angeboten und Spielen geht es darum, mit Faden, Schnur und Draht Zahlen zu erfassen. Das Material eignet sich ideal, um Zahlen zu legen, zu biegen oder zu nähen. Die Kinder werden mit den Zahlen von 1 bis 10 vertraut gemacht. Der Umgang mit Zahlen erleichtert den Kindern später das Rechnen, wenn ihnen die abstrakten Formen der Zahlen schon geläufig sind.

Themen   A. Zahlenzug nähen
B. Zahlen-Wurfspiel biegen
C. Zahlen-Tastspiel mit Glasnuggets

Grundmaterial   Faden, Schnur und Draht sind die wesentlichen Materialien für die folgenden drei Anleitungen.

A. Zahlenzug nähen

Damit die Zahlen erkannt werden und die Kinder sich bei den Zahlenspielen orientieren können, gestalten sie einen Zahlenzug aus buntem Fotokarton. Nach Möglichkeit wird das Angebot mit 10 Kindern durchgeführt.

Material   Mehrere Bogen bunter Fotokarton (DIN A4), runde Bierdeckel, Musterbeutelklammern, Buntstifte, Pfriem, dünne Baumwollschnur in verschiedenen Farben, Klebestreifen, Klebepunkte, Klebestifte.

Ort   Im Gruppen- oder Nebenraum am Tisch.

Hinführung   Zu Beginn spielen wir Eisenbahn. Ein Kind fährt als Lok im Kreis durch den Raum und in jeder Runde wird ein neuer Wagen (Kind) angehängt. Die fertig zusammengestellte Eisenbahn bleibt nach ein paar Runden stehen und die Kinder zählen die Wagen durch.

Durchführung Die folgende Anleitung für den Bau eines Zahlenzugs kann je nach Ausdauer und Konzentration der Kinder über mehrere Tage verteilt werden.

Am Tisch bekommt jedes Kind entsprechend seiner Wagenzahl ein Blatt Fotokarton im Querformat, auf dem bereits ein Umriss der passenden Zahl steht (aufeinander folgende Zahlen sollten auf unterschiedlich farbigem Papier stehen). Diese Zahl ist zum Ausmalen. Jedes Kind nimmt einen Buntstift in einer anderen Farbe als der Karton und schreibt die Zahl in den großen Zahlenumriss. Die Erzieherin schaut bei jedem Kind, ob es seine Zahl am richtigen Ende zu schreiben beginnt und greift bei Bedarf korrigierend ein. Der Stift und das Blatt wandern einmal um den Tisch, und jeder schreibt jede Zahl einige Male nach. Zurück beim ersten Kind, das die betreffende Zahl hatte, wird nun die Zahl ausgemalt, sodass sie gut zu sehen ist.

Nun darf sich jedes Kind eine dünne Baumwollschnur aussuchen. Entsprechend der Farbe schreibt es mit dem passenden Buntstift noch einmal die Zahl mitten auf die ausgemalte Zahl. Auf dieser letzten Spur werden mit einem Pfriem im Abstand von ca. 1 cm Löcher gestochen, wofür das Blatt auf eine weiche Unterlage gelegt wird. Die Schnur bekommt am Ende einen Knoten, der Anfang wird mit Klebestreifen umklebt, sodass die Spitze wie eine Nadel durch die Löcher in der Zahl geschoben werden kann. Am Anfang der Zahl wird die Kordel von unten nach oben durch das erste Loch gezogen, sodass der Knoten nicht sichtbar ist. Dann nähen die Kinder die Kordel durch die vorgearbeiteten Löcher. Am Ende angekommen, soll der Faden auch wieder hinten auf dem Karton enden.

Danach sucht sich jedes Kind einen Kartonstreifen als Dach für seinen Wagen aus und klebt ihn oben auf seinen Fotokarton mit der Zahl. Dann klebt es zwei runde Bierdeckel, die es wiederum in einer anderen Farbe bemalt hat, als Wagenräder auf den Fotokarton. Auf einem der Bierdeckel soll entsprechend der Zahl des Wagens ein Symbol aus Klebepunkten angebracht werden. Die Punkte sind vorher auszumalen. Von 1 bis 6 werden die Punkte wie beim Würfel angebracht, ab 7 wird ein Punkt zwischen die beiden Dreier-Reihen gesetzt (9 = 3 Dreier-Reihen). Bei 10 sind es zwei Fünfer-Reihen. Der

Bierdeckel mit dem Symbol wird links aufgeklebt und das andere Rad mit einer Musterklammer befestigt.

Gemeinsam mit den Kindern baut die Erzieherin aus vorbereiteten Fotokarton-Teilen eine Dampflok zusammen. Dabei werden die Formen rund, rechteckig und quadratisch wiederholt. Jeder Wagen wird vorne und hinten einmal gelocht, damit alle aneinander gehängt werden können. Die Schnur mit Knoten wird durch die zwei Löcher am Wagen geführt und am Ende verknotet.

Schluss Der fertige Zug sollte alle 10 Zahlen zeigen. Falls nicht genug Kinder dabei waren, kann die Erzieherin die noch fehlenden Wagen ergänzen. Besser wäre es natürlich, wenn noch Kinder für die Aufgabe zu begeistern wären. Gemeinsam wird dann ein Platz im Gruppenraum gesucht, wo die Eisenbahn bleiben kann.

B. Zahlen-Wurfspiel

Damit die Kinder so viel wie möglich mit den Zahlen in Kontakt kommen, wird ein Zahlen-Wurfspiel gebaut. Neben den schon genannten Zielen durch den Umgang mit Zahlen und dem Zahlenschreiben nimmt hier auch die Förderung der Handgeschicklichkeit und der Hand-Augen-Koordination einen besonderen Platz ein.

Material Bunter Plüsch-Biegedraht, eine Zange oder alte Schere, ein Bogen festes Papier oder Pappe, um den Spielstand zu notieren, ein Stift, Klebeband, evtl. Plastilin.

Ort Im Gruppen- oder Turnraum, draußen auf der Wiese oder im Sandkasten.

Hinführung Jedes Kind geht eine Zahl auf einer unsichtbaren Linie ab. Anschließend malt es die Zahl in die Luft. Alle andere Kinder benennen nacheinander eine Zahl, dabei darf keine Zahl wiederholt werden.

Die Erzieherin zeigt den Kindern drei große Ringe, die sie aus Biegeplüsch gemacht hat. Jedes Kind bekommt ein Stück Biegeplüsch und darf experimentieren, was daraus zu machen ist und welche Möglichkeiten der Draht bietet. Zum Schluss können die Erfahrungen zusammengefasst werden. Die Kinder werden gefragt, ob sie glauben, dass man aus dem Biegeplüsch auch Zahlen formen kann.

Durchführung Jedes Kind sucht sich eine beliebige Zahl vom Zahlenzug aus. Gut wäre es, wenn jede Zahl einmal im Spiel ist und so zum Schluss alle Zahlen von 1 bis 10 verfügbar wären. Nun formen alle die Zahl mit einem Stück Biegeplüsch nach. Dann wird ein Plan für den Spielstand erstellt und die Reihenfolge der Spieler festgelegt. Der Plan kann in der Nähe des Spielbereichs mit Klebestreifen an einer Wand befestigt werden. Zum Notieren des Spielstands wird ein Stift, z. B. ein dicker Filzstift, bereit gelegt.

Die Zahlen werden auf einer Fläche von etwa 1 qm verteilt und mit etwas Plastilin aufgestellt oder im Sand befestigt. Wie im Plan festgelegt, versuchen nun die Kinder der Reihe nach, die drei Plüschringe

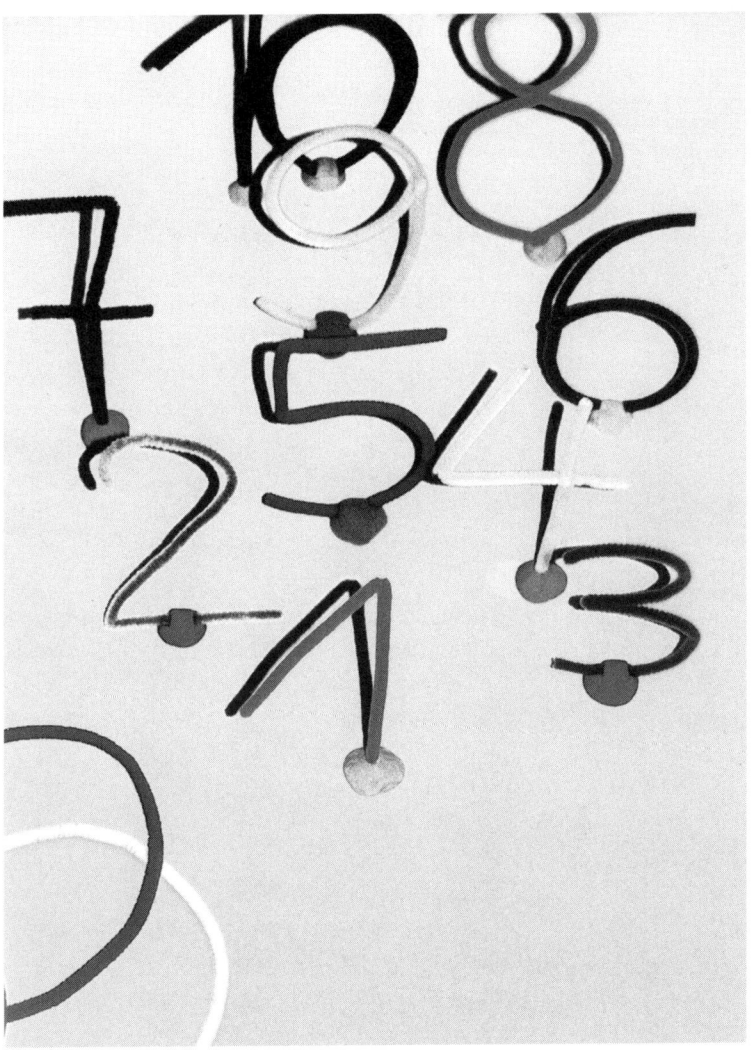

über drei Zahlen zu werfen. Jede getroffene Zahl wird vom Kind in den Plan eingetragen.

Schluss Die Kinder vergleichen am Ende selbst ihre Ergebnisse. Nur wenn sie es wünschen, zählt die Erzieherin die Ergebnisse jedes Kindes zusammen, um den Gewinner zu ermitteln. Das Spiel behalten die Kinder, um im Freispiel damit eine Weile zu spielen. Flaut das Interesse ab, bewahrt man es eine Zeit lang auf. Zu einem späteren Zeitpunkt kann es wieder interessant werden.

C. Zahlen-Tastspiel

Diese und die folgende Anleitung soll die Zahlenvorstellung vertiefen. Für beide Vorschläge habe ich die taktile Variante gewählt, damit die Kinder lernen, sich die Formen der Zahlen einzuprägen und vorstellen zu können. Ein Nebeneffekt bei diesem Angebot ist, dass die Kinder, wenn sie möchten, Luftmaschen-Häkeln lernen können. Beim Häkelnlernen werden außer Ausdauer und Konzentration auch die Handgeschicklichkeit und die Koordination zwischen Hand und Augen gefördert.

Material Häkelnadeln, Wolle, Bast, Schnur, 9 Pappkärtchen Format 10 × 7 cm, 1 Pappkärtchen Format 10 × 14 cm, Flüssigklebstoff, 10 Glasnuggets/

evtl. Gummibärchen, eine Augenbinde, Maske oder dunkle Brille, ein Würfel, bei dem die Punkte ertastet werden können.

Ort   Im Gruppen- oder Nebenraum am Tisch.

Hinführung   Ein Gespräch über die Sinne wird geführt. Welche Sinne hat der Mensch? Wir nehmen mit allen Sinnen wahr. Wir wollen heute ein Spiel erfinden, bei dem wir über einen anderen Sinn als unsere Augen die Zahl erkennen. Was können wir machen?

Wir können Zahlen **hören**, wenn sie uns ins Ohr geflüstert oder gesagt werden. Wir können auch Trommelschläge zählen. Wir können Zahlen **fühlen**. Dafür benötigen wir etwas, das wir gut fühlen oder biegen können.

Den Kindern wird gezeigt, wie Luftmaschenschnüre gehäkelt werden. Jedes Kind darf sich eine Zahl aussuchen. Wer besonders fleißig häkeln möchte, kann die Zehn wählen. Die Erzieherin schreibt die Zahlen von 1 bis 9 auf die kleineren, die Zahl 10 auf das größere Kärtchen. Die Kinder fahren jede Zahl mit flüssigem Klebstoff nach, legen dann eine Schnur auf die Zahl und drücken sie kurz fest. Sind alle 10 Zahlenkärtchen fertig, kann gespielt werden.

Durchführung   Die Kinder spielen das Spiel paarweise. Das erste Kind wird bestimmt und darf sich einen Spielpartner aussuchen. Dem Kind werden die Augen verbunden bzw. es setzt eine dunkle Brille auf, durch die es nichts sehen kann. Alle Kinder sind leise. Der Partner sucht eine Zahl aus, legt sie dem Kind richtig herum hin und führt dessen Hände zur Karte. Das Kind ertastet die Zahl und nennt sie.

Für Kinder, die mit den Zahlen noch ein bisschen Schwierigkeiten haben, gibt es die drei folgenden Varianten.

1. Variante   Das Kind kennt die Zahl und die Menge, die damit verbunden ist, kann sie aber noch nicht sicher benennen. Deshalb legt es die entsprechende Menge Glasnuggets für die zu benennende Zahl hin und zählt sie laut vor. Die anderen Kinder dürfen laut mitzählen.

2. Variante   Der Partner legt die entsprechende Menge Glasnuggets hin und das Kind muss laut zählen.

3. Variante   (Zahlen nur bis 6)
Der Partner legt zu der entsprechenden Zahl den Würfel hin, damit das Kind die Punkte ertasten und laut zählen kann.

Ist die Aufgabe erfüllt, kommt ein anderes Kind an die Reihe und darf sich seinen Partner suchen. Am Ende des Spiels sollte jedes Kind einmal eine Zahl ertastet haben und einmal Partner gewesen sein.

Schluss   Sind die Kinder noch für eine weitere Spielrunde zu motivieren? Wie wäre es, wenn die ertastete Zahl in Gummibärchen umgesetzt wird, die die Kinder anschließend behalten dürfen?